www.ingramcontent.com/pod-product-compliance
Lightning Source LLC
Chambersburg PA
CBHW050915210326
41597CB00002B/118
9781956687118

שמו של הספר נלקח מהסרט הקומי משנת 1980, "האלים חייבים להיות משוגעים", בו בקבוק קוקה קולה ריק נופל ממטוס אל עבר קהילה של בושמנים אפריקאים. בתוך הבקבוק יש מתנה מהאלים, אך לאחר שהוא גורם למריבה בקרב תושבי הכפר, מנהיג השבט מחליט להחזירו לאלים במסע אל סוף העולם. דרך בקבוק הקולה המטאפורי שלי, אני יכול לראות את שחר האימפריה החדשה. ספר זה הוא התובנות שלי והשקפותיי לגבי שיקום האימפריה הנוכחית (קפיטליזם וארגו־נים) לפני שיהיה מאוחר מדי.

תפילה להחזרת בית רוזוולט

"והם באו לירושלים. והוא נכנס למקדש והחל לגרש את אלה שמכרו ואת אלה שקנו במקדש, והפך את שולחנות חלפני הכספים ואת כסאותיהם של אלה שמכרו יונים. והוא לא הרשה לאף אחד לשאת דבר דרך המקדש. והוא לימד אותם ואמר להם, "האם לא כתוב, "ביתי יהיה בית תפילה לכל הגויים"? אבל אתם הפכתם אותו למאורת שודדים". הכוהנים הראשיים והפקידים שמעו את זה וחיפשו דרך להשמיד אותו, כי הם פחדו ממנו, כי כל הקהל נדהם מדבריו". (מרקוס י"א 15 – 18, ESV)

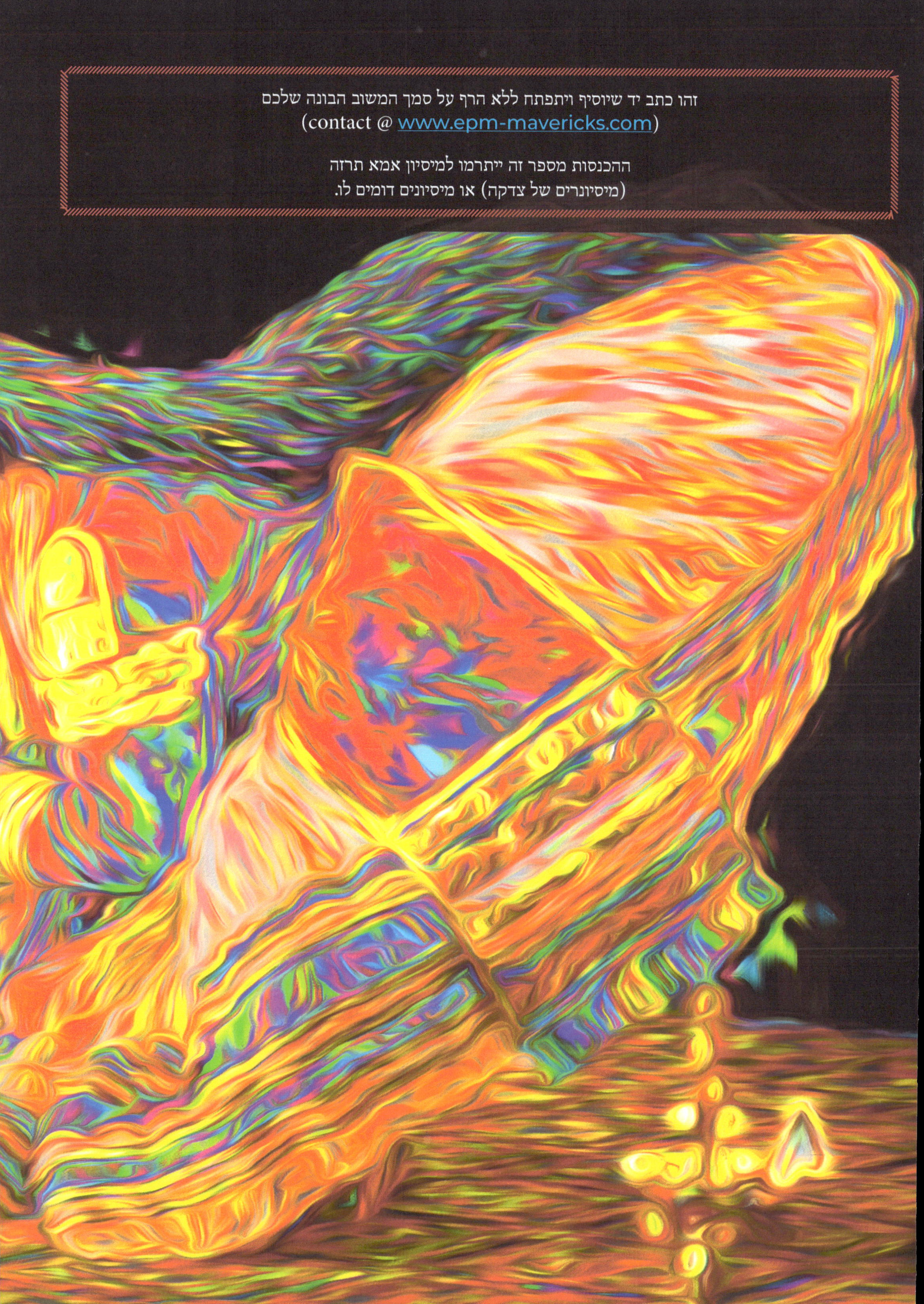
זהו כתב יד שיוסיף ויתפתח ללא הרף על סמך המשוב הבונה שלכם
(contact @ www.epm-mavericks.com)
ההכנסות מספר זה ייתרמו למיסיון אמא תרזה
(מיסיונרים של צדקה) או מיסיונים דומים לו.

"לא יכול להיות שלום בר קיימא בעולם אלא אם כן יש ביטחון כאן בבית".

פרנקלין דלאנו רוזוולט

בעודי כותב דברים אלה, אנרכיה מתחילה להתפשט; מלחמת אזרחים מתרחשת ממש מול ביתי בלב שיקגו. אני מצטט שיחה מוקלטת שהתנהלה במועצת העיר שיקגו, "זהו "אזור מלחמה וירטואלי" בו "חברי כנופיה חמושים ברובי קלצ'ניקוב מאיימים לירות באנשים שחורים". הם יורים על המשטרה".

בינתיים, בלשכת ראש העיר, הדיון האסטרטגי המוקלט של מועצת העיר שנועד לפתור את הבעיה, התפתח לקרב צעקות עמוס גסויות המזכיר רפובליקת בננות[1] בצ'יראק[2]. אני תוהה מה צופן לנו העתיד אם אני צריך לחפות[3] בלוחות הגנה את ביתי בן המאה? אפילו אחד ממגדלי השן המעודנים והאייקוניים ביותר בעולם (המטה האחרון של בריטניקה) המוגן על ידי מיליציה פרטית, נראה לא בטוח.

לקחתי על עצמי את התחייבות ארגון *"עולם אחד משותף"* להיות הסנגור והמגן של האנושות בכללותה ולא רק של ארצות הברית האהובה שלי. אני מאמין שזוהי האחריות המוסרית שלי ללמד אחרים **מהי תשתית שיש לה יכולות ניבוי, מניעה ותגובה, שעשויה להגן עלינו מפני איומים קיומיים משותפים.**

תוכן עניינים

המבנה של הספר

עלייתה הממשמשת ובאה של הממלכה התיכונה (סין)

עלייתה של הממלכה התיכונה (סין)

האימפריה שלנו בסכנת הכחדה וקיום הארגונים שלה נמצא תחת איום אף הוא. אם לא נשחק נכון בקלפים שלנו, האימפריה הרעבתנית הבאה (הממלכה התיכונה-סין[4]) תשלח בקרוב את נערי השליחויות שלה כדי לגבות חשבונות מארה"ב ויותר ממאה מדינות אחרות שהיא התיישבה בהן כלכלית מאז הצונאמי הכלכלי של 2008.

האלים חייבים להיות משוגעים

בחלקו הראשון של הספר, אני מספר על המסע שלי בשדות המציאות המעוותים; ערש הקומוניזם במזרח, עד לקטקומבות הקפיטליזם במערב. התיאור נעשה על רקע ספרו של הרננדו דה סוטו, *תעלומת ההון: מדוע הקפיטליזם מנצח במערב ונכשל בכל מקום אחר.*

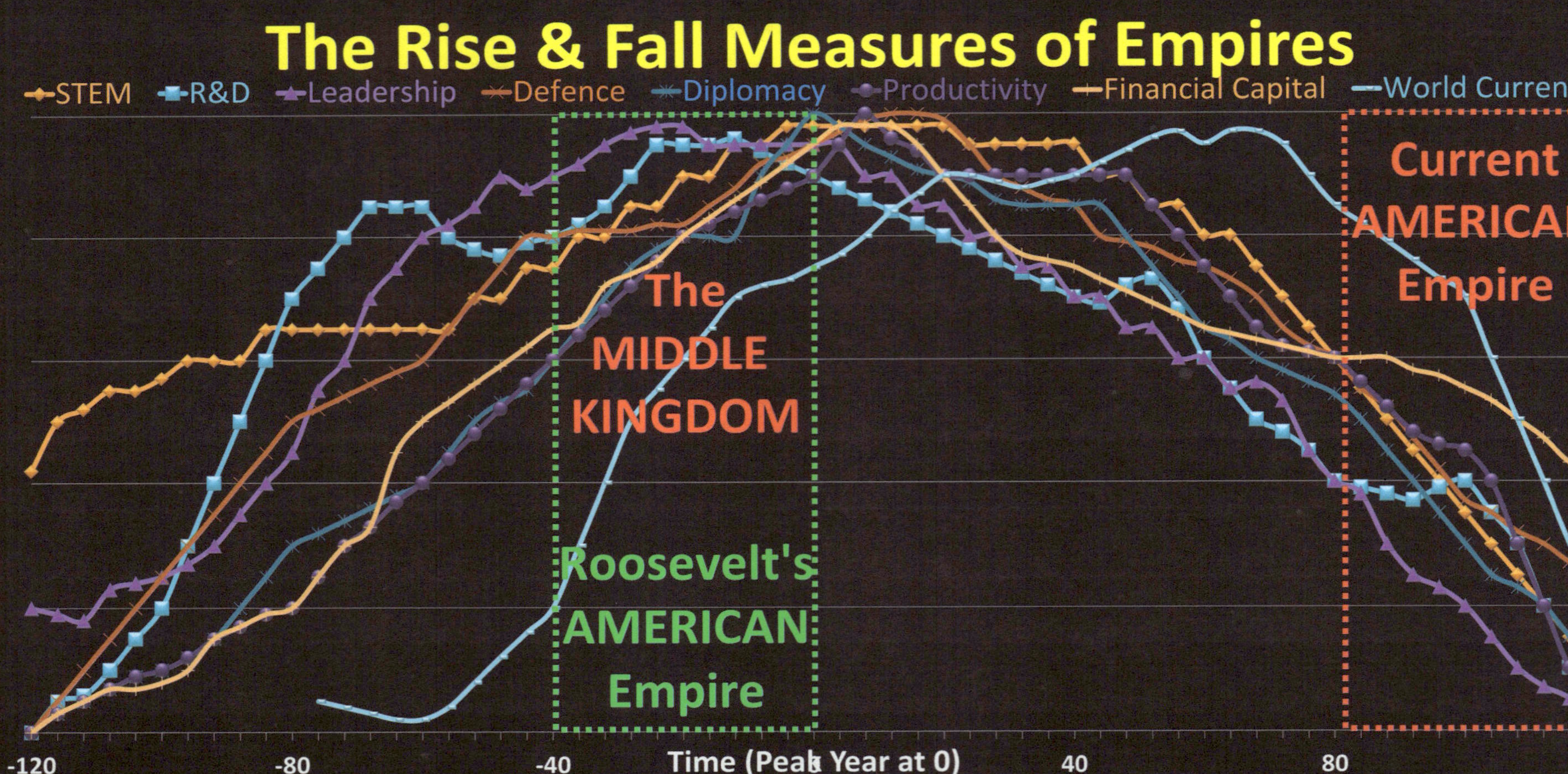
The Gods Must be Crazy!
The Rise & Fall Measures of Empires
STEM
R&D
Leadership
Defence
Diplomacy
Productivity
Financial Capital
World Currency
The MIDDLE KINGDOM
Roosevelt's AMERICAN Empire
Current AMERICAN Empire
-120
-80
-40
Time (Peak Year at 0)
40
80
120

הצעה להחזיר את בית רוזוולט

בחלקו השני של הספר, אני מאמץ את *"הנורמלי החדש"* *מנקודת מבט של "אימפריה וארגונים"* *על מנת* להסביר כיצד להציל אותנו מהרייך הרביעי הממשמש ובא[5]. הישרדות ארגון שזורה בעלייתם ונפילתם של הסנדקים הממנים שלו, האימפריות של העולם - כפי שהיינו עדים בחמש מאות השנים האחרונות, עם הארגונים הבולטים ביותר כמו[6] החברות ההולנדיות והבריטיות במזרח הודו[7].

אני חופר את קברו של יסוד הקפיטליזם ומציע את המרשם שלי כדי להחזיר את ה*"ניו דיל"*[8] של רוזוולט הישן והטוב כדי לחסוך מאיתנו את הרייך הרביעי. אני מגבה את ההשערה שלי כי ארגונים רבים הם להקת צפרדעים של הנדסה פיננסית, מכורה לחובות, ששוחה בשמן נחש פושר[9] (כלומר, מחפשת פתרונות קסם).

★ ★

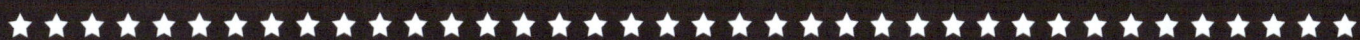

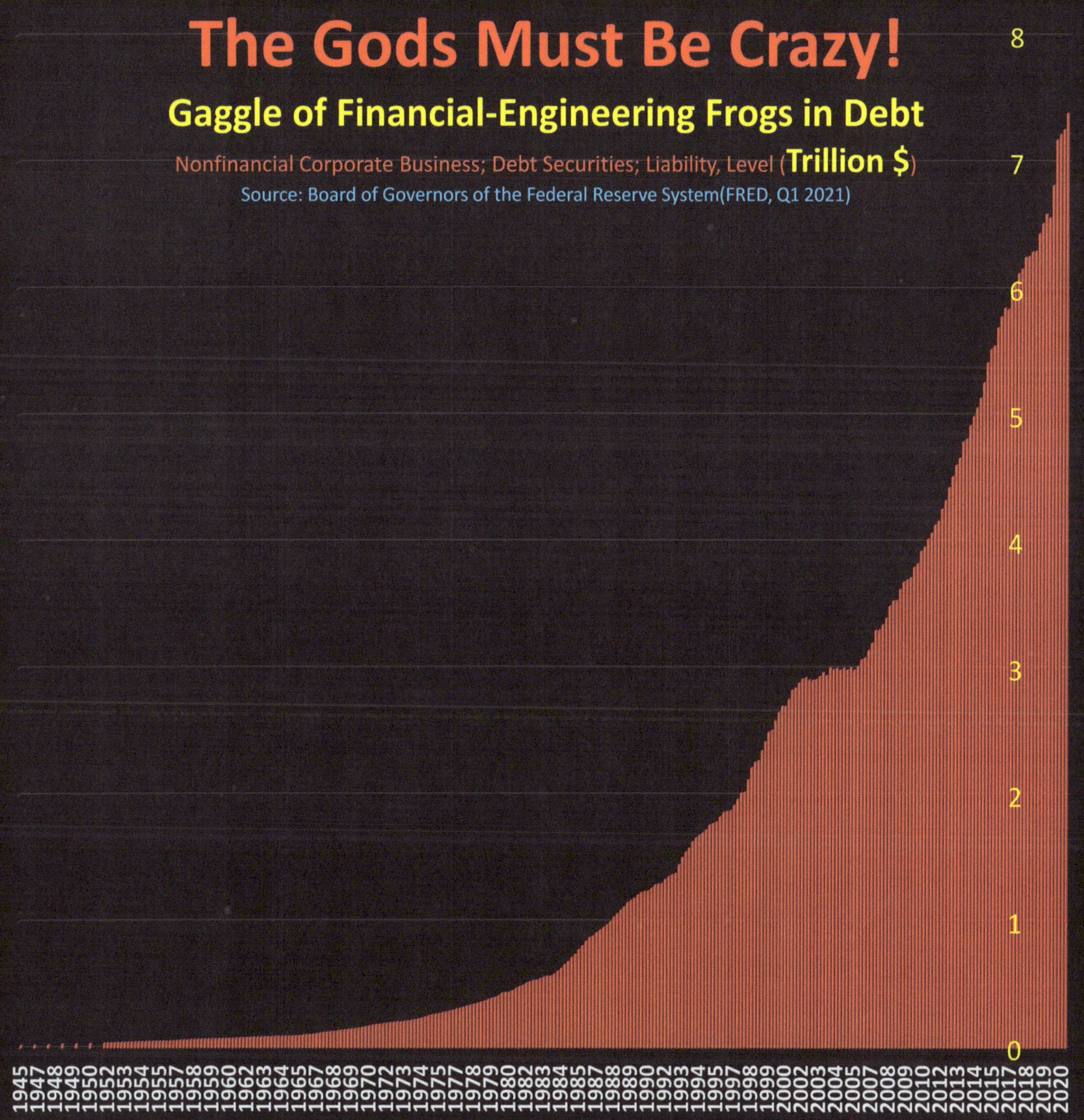

The Gods Must Be Crazy!

Gaggle of Financial-Engineering Frogs in Debt

Nonfinancial Corporate Business; Debt Securities; Liability, Level (**Trillion $**)

Source: Board of Governors of the Federal Reserve System(FRED, Q1 2021)

כאשר הגאות תעלם, רבים מהארגונים הללו ימצאו את גורלם בציפורני הנשרים העטים על הקניין הרוחני (IP) כגון סין, כפי שמוצג בתרשים שלהלן:

The Gods Must be Crazy!

Typical Empire Rise & Fall

Resilience Engineering

Excessive Financial Engineering

1st GEN Entrepreneur

2nd GEN Entrepreneur

IPO (Wall Street)

Penny-Wise, Pound-Foolish Accounting

Executive Pay on Short-Termism

BIG4 Consultants PRICE2/PMBOK/SCRUM

BPR Benchmarking

Contract MFG

Transformation

Layoffs

TQM/ISO

Cost Cutting (Especially R&D)

SIX SIGMA

Business Process Outsourcing (BPO)

Transfer Pricing, Reverse Mergers, etc.

TAX Effective Supply Chain Management

Restructuring

"Quick wins", "Low-hanging fruit", "Delta", "Lean", etc.

Stock Buyback

PE Leveraged Buyout

Chapter 11

Entrepreneurs

Time

IP Vultures (CHINA)

Ay Yi Yai Yi! We are in the middle of The New World Order!

עלייתה של הממלכה התיכונה

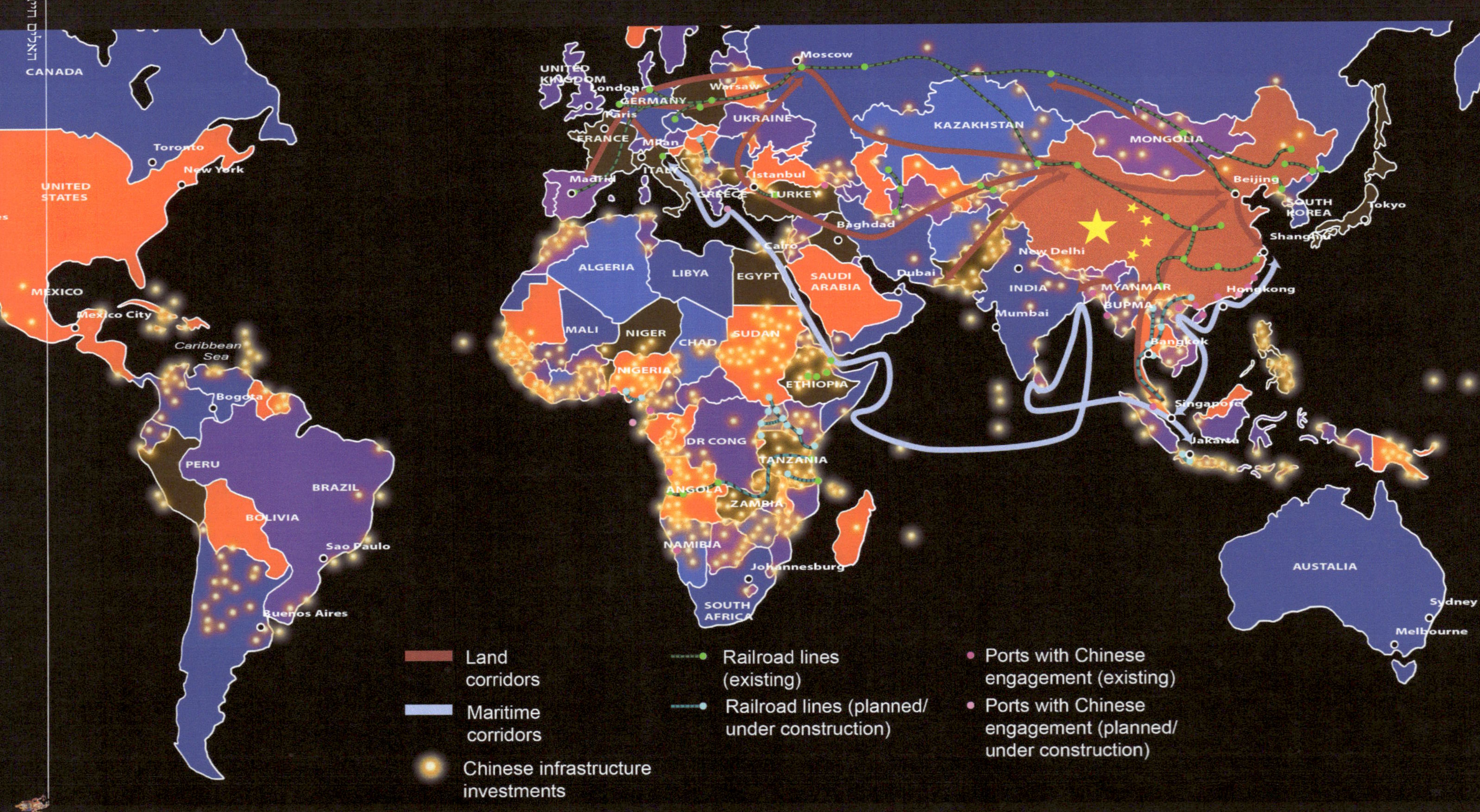

"אמנות המלחמה היא בעלת חשיבות חיונית למדינה. זהו עניין של חיים ומוות, דרך לחוף מבטחים או להרס. לכן זהו נושא אשר בשום אופן אין להזניח."

אמנות המלחמה של סון צו (476-221 לפנה"ס)

Gods Must Be Crazy!

Conservative Estimate of Chinese Debt + Equity

Source: CHINA'S OVERSEAS LENDING, Sebastian Horn, Carmen Reinhart and Christoph Trebesch(KIEL WORKING PAPER NO. 2132)

In percent of recipient GDP

- 0 - 1%
- 1 - 5%
- 5 - 10%
- 10 - 20%
- >20%
- No Data

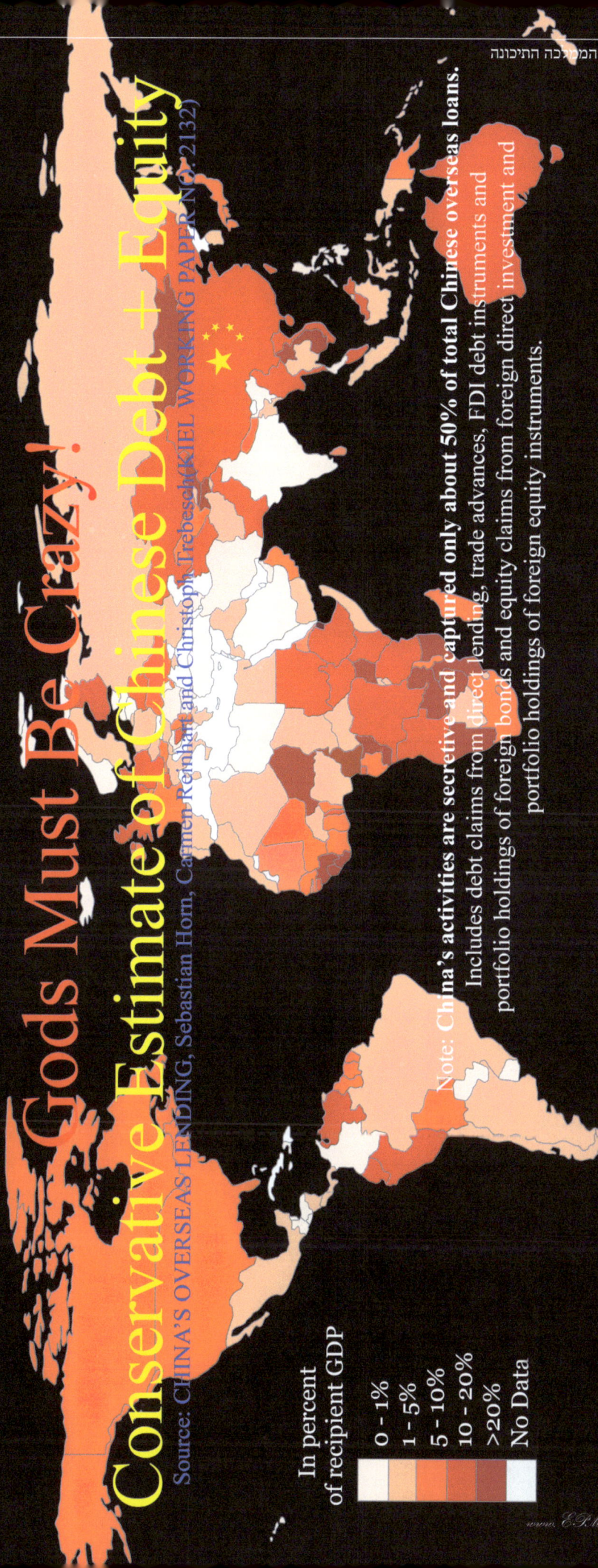

Note: **China's activities are secretive and captured only about 50% of total Chinese overseas loans.** Includes debt claims from direct lending, trade advances, FDI debt instruments and portfolio holdings of foreign bonds and equity claims from foreign direct investment and portfolio holdings of foreign equity instruments.

www.Tiger-Rider.com

סין, הממלכה התיכונה, מחכה בקוצר רוח שנעשה טעות בשימוש בקלפי הניצחון השחוקים שלנו על מנת שהיא תוכל לשלוח את ציידי הראשים שלה בכדי שישתלטו על חלקים בארה"ב ועל יותר ממאה מדינות אחרות[10]. בחסות ממשלתית, ארגונים סיניים למעשה מתיישבים ברחבי העולם ויוצרים השפעה כלכלית במדינות אלה עם לפחות 10 טריליון דולר במלכודת חוב דיפלומטית[11]. הדורות החדשים של יוזמת החגורה ודרך המשי[12] ותשתיות היי-טק אחרות הם דוגמאות עיקריות לסוס הטרויאני הסיני של המאה ה- 22. חלק ממלכודות החוב הדיפלו־מטיות הטפילות, שאינן בנות קיימא, עשויות להסתיר מניעים הגמוניים ואתגרים לריבונות המדינה. הם דחפורים שתומכים באינטרסים הגיאו-אסטרטגיים של סין ובממדים הצבאיים שלה.

"בהשוואה למעמדה הבולט של סין בסחר העולמי, תפקידה במימון העולמי אינו מובן כראוי לרבים....
יצוא ההון של סין הגיע למימדים של 5,000 הלוואות ומענקים ליותר מ- 150 מדינות בין השנים 1949-2017.
50% מההלוואות של סין למדינות מתפתחות אינן מדווחות לקרן המטבע הבינלאומית או לבנק העולמי.
"חובות נסתרים" אלה מעוותים את המעקב אחר המדיניות, את תמחור הסיכונים ואת ניתוחי הקיימות של החוב.
מכיוון שההלוואות של סין מעבר לים רשמיות כמעט לחלוטין (בשליטת המדינה), הפקטורים הסטנדרטיים של "דחיפה" ו"משיכה" של הזרמות הון פרטיות חוצות גבולות אינם חלים באותו אופן".

מכון קיל (KIEL) לכלכלה עולמית (2020)

יודעות כיצד לנצלם באופן מקסימלי לתועלתן ולתועלת תושביהן). המדינות החברות בארגון לשיתוף פעולה ופי- תוח כלכלי (OECD) במועדון פריז ובמוסדות נחשבים אחרים כדוגמת קרן המטבע הבינלאומית והבנק העולמי, היו מלווים כסף באופן מתחשב יותר באמצעות הלוואות לטווח ארוך. רבות מההלוואות של מועדון פריז הן סיוע רשמי לפיתוח כהגדרת ה- OECD ויש בהן מרכיב של מענק בשיעור של 25% לפחות. מועד הפירעון של הל- וואות אלה הוא בדרך כלל עד 30 שנים וכמעט ללא סיכון פרמיה.

ברור לכולם, כי סין מעורבת בעסקאות "מתחת לשולחן" עם גופים ממשלתיים פחות אתיים ומיליציות של מדינות שכבר נאבקות במחסור במשאבים כספיים. יתר על כן, הבנקים בבעלות המדינה בסין בדרך כלל מעבירים את הכסף ישירות לקבלן הסיני האחראי על הפרויקט, ולא לממשלה של המדינה המארחת. כך המעגל נותר סגור: שימוש בחברות קבלן סיניות, כוח עבודה סיני וחומרי גלם סיניים, דבר המבטיח תועלת משמעותית יותר לסין ופחות למדינה המארחת.

טקטיקות ערמומיות וסגורות אלה הן סוג של מלכודת חובות דיפלומטית, שיכולה לגרום במהירות להעברת הבעלות על הנכסים. זהו סוס טרויאני סיני, אשר צובר מינוף ויכול ליהנות מהשתלטות פיננסית, תוך כדי הותרת משלמי המיסים של המדינה המארחת עם התחייבות לפרוע את החשבון בדורות הבאים. בממוצע, 50 המדינות בעלות היקף החוב הגבוה ביותר לסין, חייבות כעת יחד לסין חובות בהיקף של קרוב ל- 40% מהחוב החיצוני המדווח.

ההלוואות הרשמיות הסיניות נשלטות על ידי המפלגה הקומוניסטית הסינית, הידועה גם כממשלת סין. שני שלישים מפעילות ההלוואות נעשית באמצעות שותפים זרים של בנקים סיניים במקלטי מס במרכזים פיננסיים. הלוואות אלה מגובות בעיקר על ידי בטחונות ונעשות בסודיות מרבית ולכן כמעט בלתי ניתן לעקוב אחריהן.

חלק גדול מההלוואות ניתן למדינות עניות מבחינה כלכלית אך עתירות במשאבים, המנוהלות על ידי מנהיגות מושחתת ולא מיומנת. בדרך כלל, פירעון הקרן והריבית מובטחים על ידי המשאבים של מדינות אלה. שלא כמו הלוואות בין-ממשלתיות טיפוסיות, הלוואות אלה הן למעשה חוזי הלוואה מסחריים חשאיים עם סעיפי בוררות. כתוצאה מכך, פרטי ההלוואה הינם חסויים ולציבור אין גישה אליהם.

כדוגמה, בשנות ה- 70 של המאה ה- 20, תנופת הלוואות סינדיקציות (הלוואות ממספר גופים מלווים) גרמה לגל של משברים פיננסיים בתחילת שנות ה- 80. באותה תקופה, בנקים מערביים הפנו כמות ניכרת של הון זר למדינות עניות אך עתירות משאבים באפריקה, אסיה ואמריקה הלטינית. פתרון המיתון הכלכלי שנבע משרשרת המחדלים הריבוניים ארך מעל לעשור. רבות מאותן מדינות עם מנהיגות מושחתת וללא שקיפות או פיקוח רבים, מהוות כעת טרף קל לכרישים הסינים, כשהן קרובות להגיע למעמד טרום HIPC (מדינות עניות בעלות חובות גבוהים מאוד), חלקן כשלו עוד טרום עידן הקורונה.

המדינות שנפגעו בצורה הקשה ביותר מהקורונה, כלומר אמריקה הלטינית וטריטוריות אפריקאיות עניות יותר, ללא ספק יתקשו או יאבדו לחלוטין את היכולת להחזיר את ההלוואות שלהן לסין. שפל כלכלי גורם להתמוטטות מואצת של סחורות ולפגיעה במשאבי הייצור. ללא כסף וללא משאבים, העתיד הכלכלי של המדינות בהן לסין יש אחיזה כלכלית הוא עגום.

יהיה מעניין לראות מה תהיה אסטרטגית ההשתלטות הסינית החדשה לאחר הקורונה. איך היא תקבל בחזרה את הלוואות המישכון שנתנה מתחת לשולחן, שנחתמו על ידי מנהיגות מושחתת, וצריכות להיפרע כעת על ידי משאבים פחותים?

Gods Must Be Crazy!

Conservative Estimate of Chinese Direct Loans (2017)

Source: CHINA'S OVERSEAS LENDING, Sebastian Horn, Carmen Reinhart and Christoph Trebesch(KIEL WORKING PAPER NO. 2132)

In percent
of recipient GDP

0 - 1%
1 - 5%
5 - 10%
10 - 25%
25 - 100%
No Data

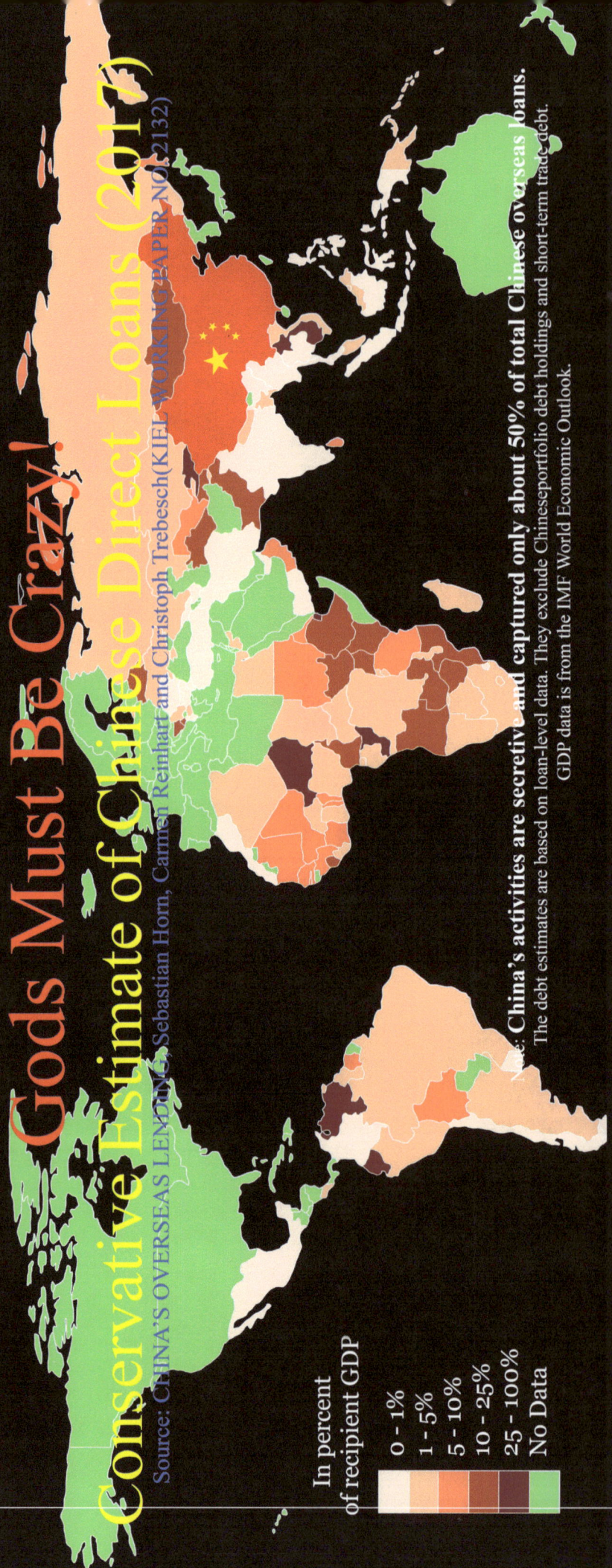

Note: **China's activities are secretive and captured only about 50% of total Chinese overseas loans.**
The debt estimates are based on loan-level data. They exclude Chineseportfolio debt holdings and short-term trade debt.
GDP data is from the IMF World Economic Outlook.

The Gods Must Be Crazy!

Characteristics of Chinese Loan

Source: CHINA'S OVERSEAS LENDING, Sebastian Horn, Carmen Reinhart and Christoph Trebesch(KIEL WORKING PAPER NO. 2132)

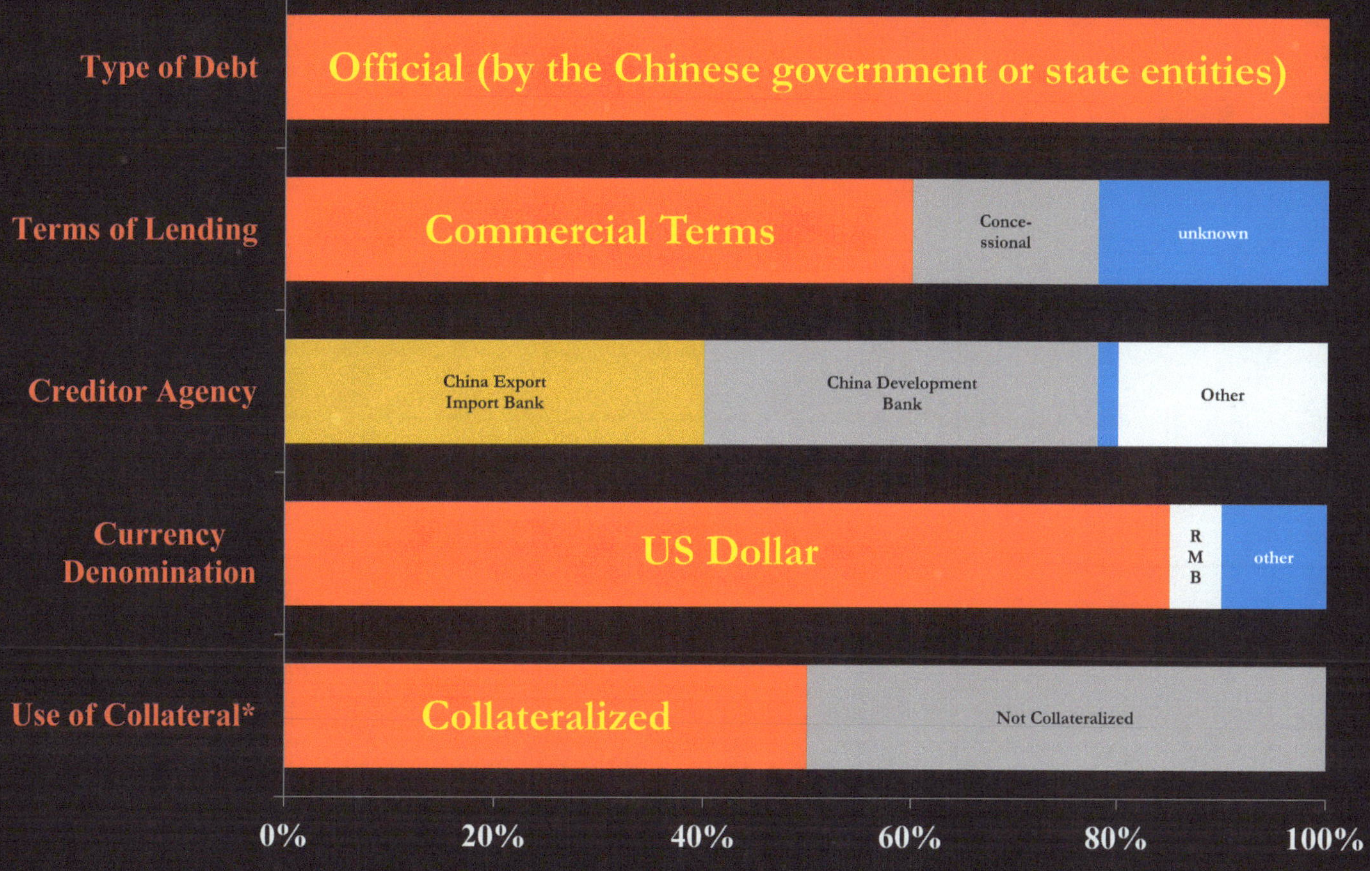

★ ★

לאחר מלחמת העולם השנייה, ארצות הברית תרמה סיוע להתאוששותן של מדינות אירופה שווה ערך ליותר מ- 100 מיליארד דולר (התמ"ג האמריקאי היה 258 מיליארד דולר), שחולק באופן שווה בין סיוע כלכלי וסיוע טכני. העולם כולו פרח מתוכנית מרשל[13], ושלום והרמוניה שלטו במשך 75 שנים. הגיע הזמן שנוביל את הקואליציה להקמת תוכניות מרשל חדשות להצלת המדינות בהן סין תפסה אחיזה כלכלית.

> *"זה לא משנה אם החתול שחור או לבן,*
> *כל עוד הוא תופס עכברים."*
> דנג שיאופינג, מנהיג פרמאונט סין (1978-1989)

קולוניזציה דיגיטלית

במשך שבעים וחמש השנים האחרונות, ארגוני הטכנולוגיה שלנו בארה"ב שלטו בחלק ניכר מהתשתית הדיגיטלית בעולם. עם זאת, סין *מרחיבה את* "יוזמת החגורה והדרך" שלה (BRI) ל"דרך המשי הדיגיטלית" (DSR) שלה[14]. סין חתמה על הסכמי DSR ספציפיים עם מדינות רבות, ופרויקטי התשתית שלה הם חתרנות, המאפשרת לבייג'ינג להגביר את השפעתה ברחבי העולם - ללא תחרות רבה. זוהי דלת אחורית דיגיטלית עבור חברות טכנולוגיה סיניות על מנת לטרפד ארגונים מערביים. יצרנים סינים בתחום ציוד טלקום, תשתיות אחסון וחברות מרכזי נתונים שולטים בכל. הסכמי ה- DSR יספקו גם מסדרון כלכלי ודיגיטלי לייצוא של חיישני עיר חכמה ופלטפורמות נתונים, אשר יכולים להוות איום ביטחוני לאומי פוטנציאלי.

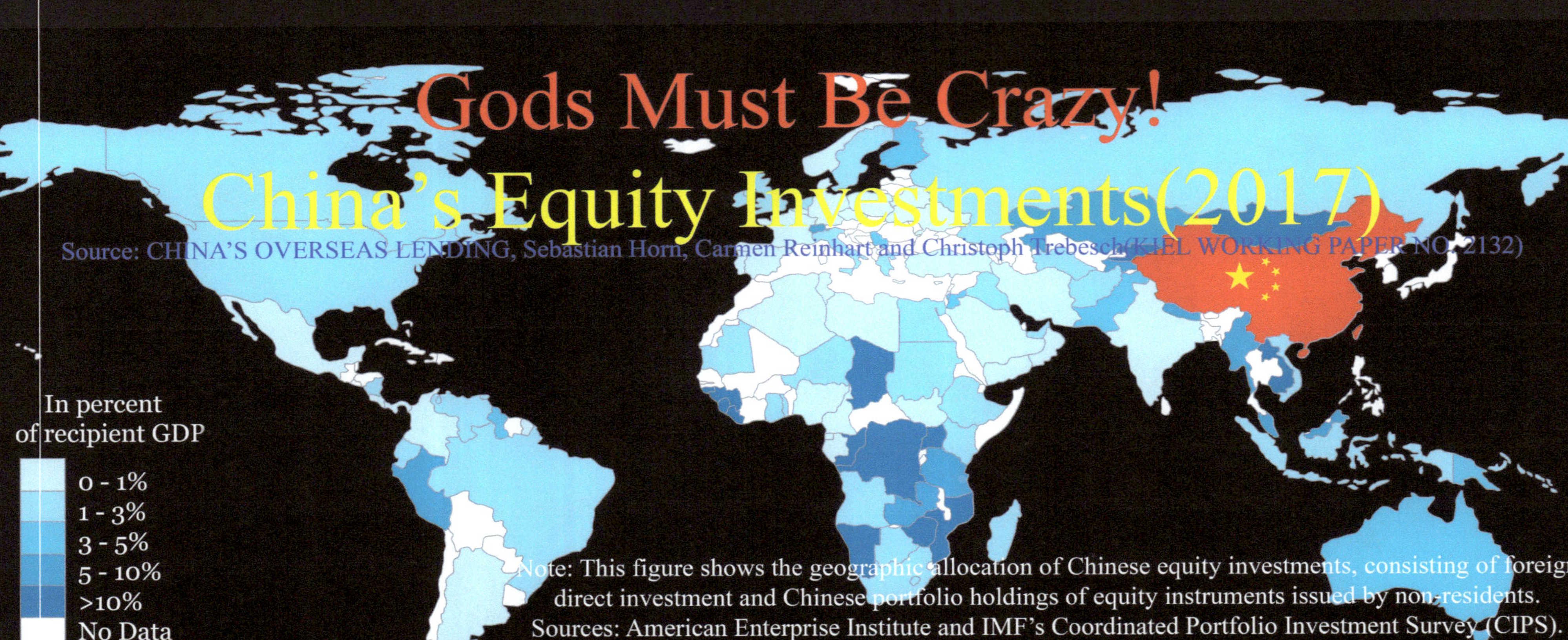
Gods Must Be Crazy!
China's Equity Investments(2017)
Source: CHINA'S OVERSEAS LENDING, Sebastian Horn, Carmen Reinhart and Christoph Trebesch(KIEL WORKING PAPER NO. 2132)
In percent of recipient GDP
0 - 1%
1 - 3%
3 - 5%
5 - 10%
>10%
No Data
Note: This figure shows the geographic allocation of Chinese equity investments, consisting of foreign direct investment and Chinese portfolio holdings of equity instruments issued by non-residents.
Sources: American Enterprise Institute and IMF's Coordinated Portfolio Investment Survey (CIPS).

ישנם ארבעה היבטים לדרך המשי הדיגיטלית של סין (DSR):

1. תשתית דיגיטלית כגון מרכזי נתונים וכבלי סיבים אופטיים, המאפשרות פלטפורמות טכנולוגיות עתידניות כמו Internet of Things) IoT, אינטרנט של הדברים), 5G ו- 6G.
2. מוסדות בינלאומיים אשר קובעים סטנדרטים, כללים ותקנות באשר לטכנולוגיות מתפתחות.
3. התמקדות בטכנולוגיות הקשורות למסחר אלקטרוני כגון מערכות תשלום אלקטרוניות, מטבעות קריפטוגרפיים ואזורי סחר חופשי דיגיטליים.
4. האסטרטגיה הסינית "להפוך את הממלכה התיכונה לגדולה שוב" כחלק מיוזמת "תוצרת סין 2025". כדי להשיג מטרה זו, הם השקיעו רבות בתוכנית "אלף הכישרונות"[15] (החזרת גולי הייטק[16]).

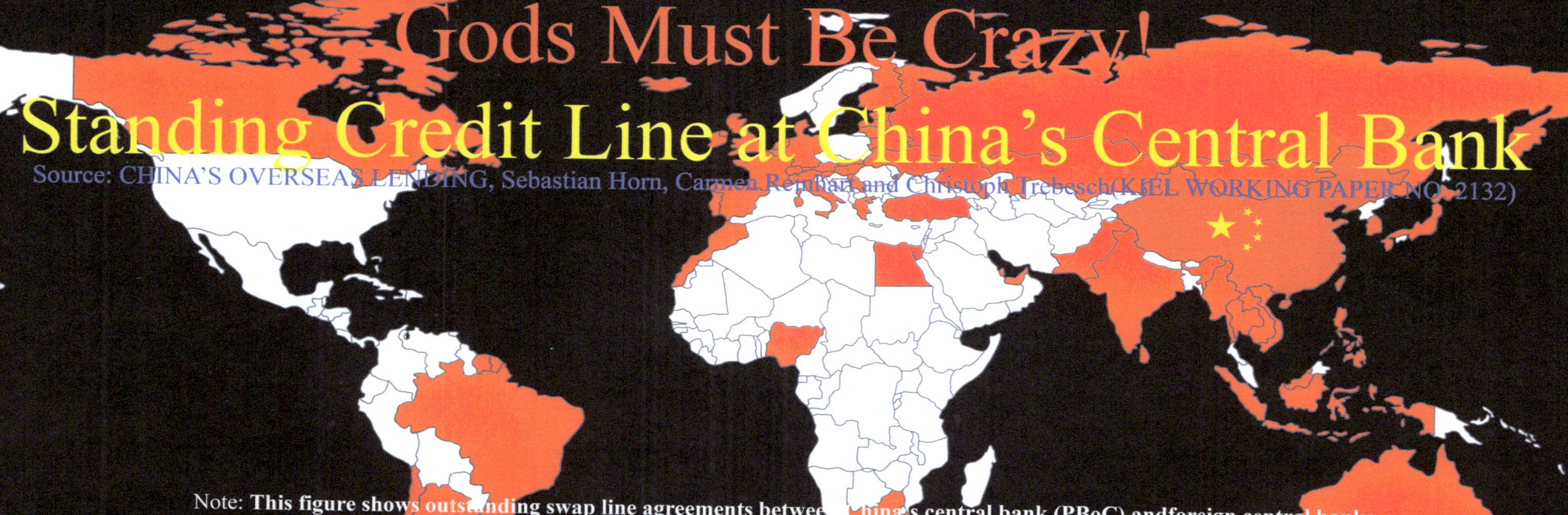
Gods Must Be Crazy!
Standing Credit Line at China's Central Bank
Source: CHINA'S OVERSEAS LENDING, Sebastian Horn, Carmen Reinhart and Christoph Trebesch(KIEL WORKING PAPER NO. 2132)
Note: This figure shows outstanding swap line agreements between China's central bank (PBoC) andforeign central banks.
Red shaded countries have a standing credit line agreement with the PBoC as of 2017.
In total, China has agreements with more than 40 foreign central banks for drawing rights of 550 billion USD.
The figure also considers the multilateral swap agreements within the so called Chiang Mai initiative and within the Contingent Reserve Arrangement of BRICS countries.

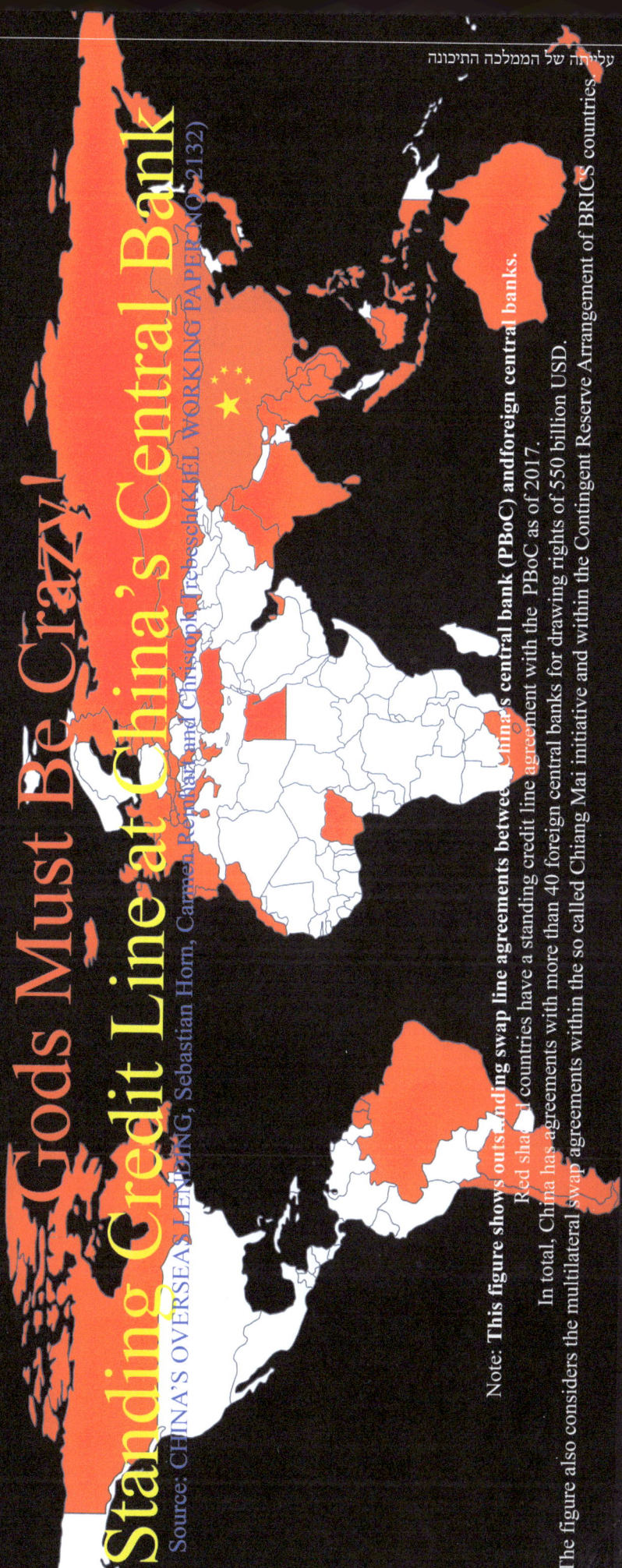

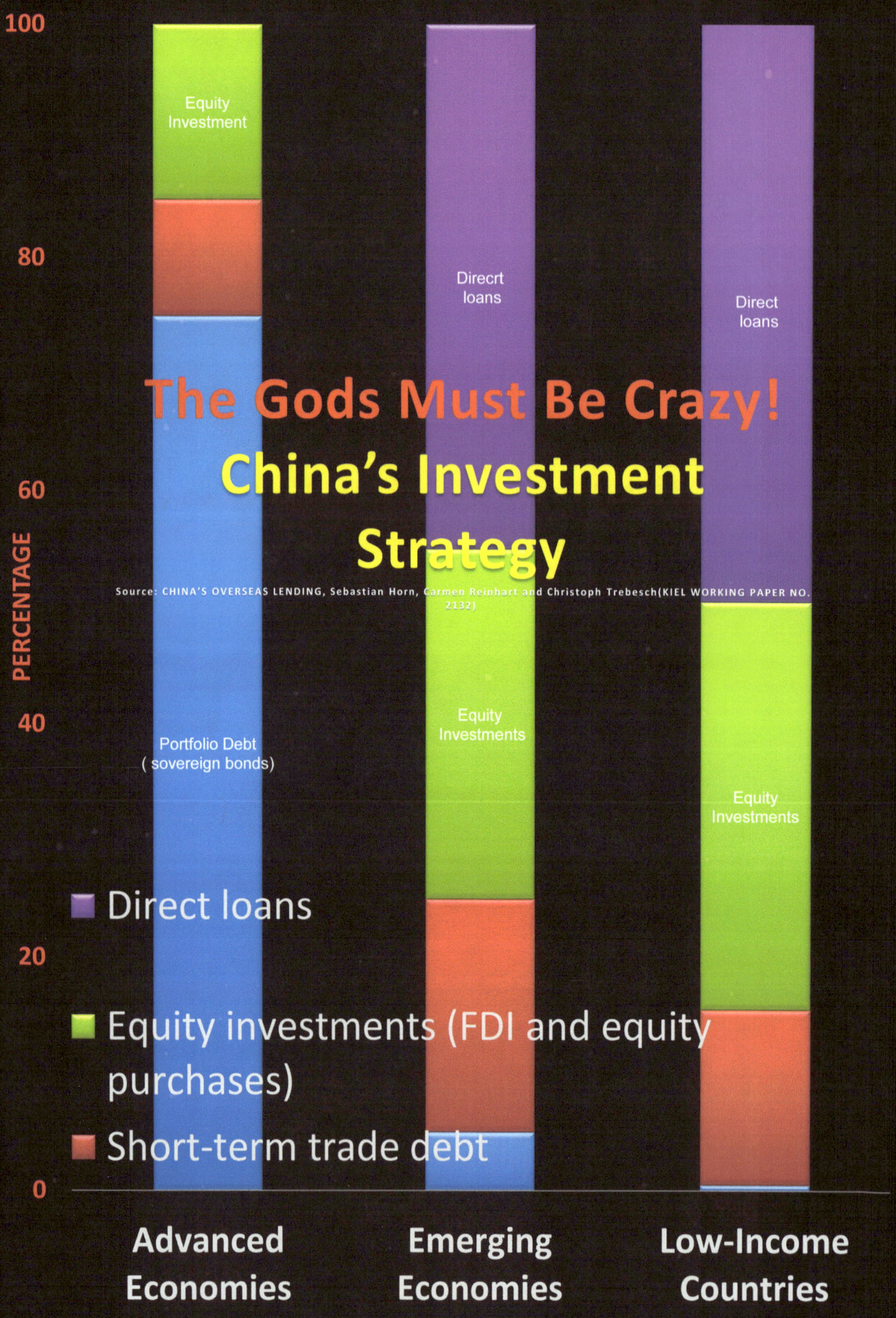

100
80
60
40
20
0
PERCENTAGE
Equity Investment
Direcrt loans
Direct loans
The Gods Must Be Crazy!
China's Investment Strategy
Source: CHINA'S OVERSEAS LENDING, Sebastian Horn, Carmen Reinhart and Christoph Trebesch(KIEL WORKING PAPER NO. 2132)
Equity Investments
Portfolio Debt (sovereign bonds)
Equity Investments
Direct loans
Equity investments (FDI and equity purchases)
Short-term trade debt
Advanced Economies
Emerging Economies
Low-Income Countries

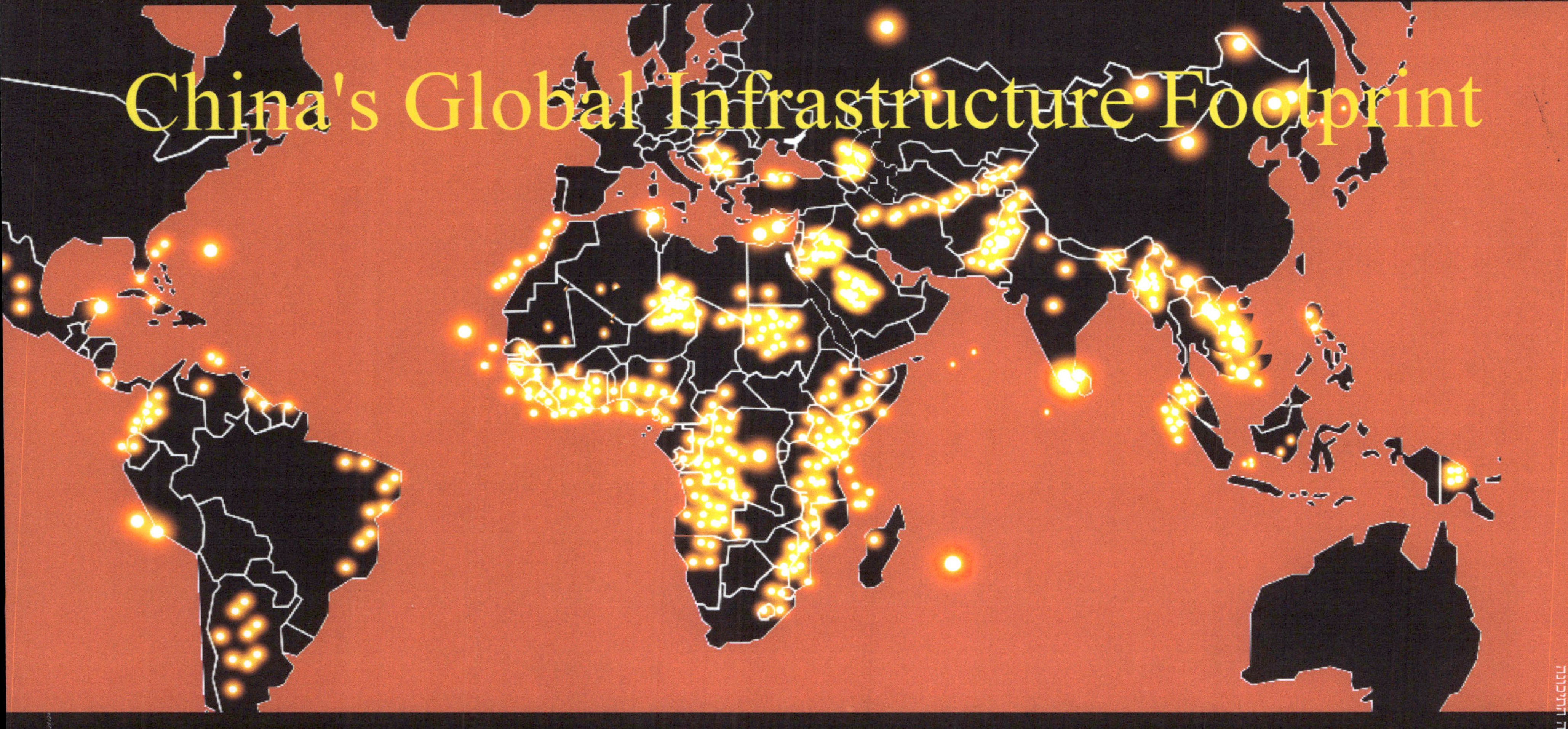
China's Global Infrastructure Footprint

ארגונים סינים במימון המדינה כמו Huawei ו-ZTE[17] בונים את רוב התשתית הדיגיטלית של אפריקה. כבלי הסיבים האופטיים שלהם הפכו לעמוד השדרה של הקישוריות הדיגיטלית של מרכז אסיה. DSR ייתן למפלגה הקומוניסטית הסינית (CCP) כוח משמעותי בצורה של ראיות לסחטנות (kompromat[18]), שהושגו באמצעות גישתם לנתונים רגישים ויכולותיהם המשמעותיות לאיסוף וניתוח נתונים. בעזרתן תוכל המפלגה הסינית לתמרן מנהיגים וארגונים בינלאומיים קריטיים.

דבר זה יעניק ל- CCP כר עצום של השפעה פוליטית. כך הם יקבעו כללים וסטנדרטים לביצוע האידיאולוגיות הפוליטיות והסמכותיות שלהם ללא התחשבות במדינה המארחת, באוכלוסייתה האזרחית ובריבונותה. טכנולוגיות סיניות פולשניות כגון טכנולוגיית זיהוי פנים וריגול סייבר כבר נמצאות בשימוש נרחב במדינות רבות ברחבי העולם לניטור של אזרחים[19].

מעבר לתקשורת האלקטרונית הסינית, ה- DSR מאפשר טלרפואה, מימון אינטרנטי וערים חכמות. ההיבט המדאיג ביותר הוא כי DSR הנשלט על ידי המדינה יכול לתפעל ולקצור את נתוני האזרחים של המדינה המארחת באמצעות מחשוב קוונטי, בינה מלאכותית, וטכנולוגיות חדשניות אחרות[20]. במקרה זה, מידע זה יכול לשמש את סין לטובתה, לא לטובת האנשים.

> *"אתה לא מבין? הם אומרים, "לכו מכאן, לכו מכאן". זה "הסוף" לכל האנשים הלבנים בהודו-סין. אם אתה צרפתי, אמריקאי, זה הכל אותו הדבר. "לכו". הם רוצים לשכוח אתכם. תראה, קפטן. תראה, זו האמת. ביצה. [סודק אותה, מנקז את חלבון הביצה] הלבנים שמאלה, הצהובים נשארים!"*
>
> המתיישב הצרפתי, "אפוקליפסה עכשיו"
>
> (סרטו של פרנסיס פורד קופולה משנת 1979)

תחרותיות

דרך המשי החדשה נשאה את המטרה העיקרית של הרחבת תחום ההשפעה והשקעותיה באסיה באמצעות קידומי תשתיות כגון "חגורה אחת, דרך אחת" (OBOR), ומוסדות כגון "הבנק האסייתי להשקעות בתשתיות" (AIIB). ל- AIIB שבשליטת סין יש את דירוג האשראי הגבוה ביותר בכל שלוש סוכנויות הדירוג הגדולות בעולם[21]. בשנת 2015, ההשקעה הראשונית במוסד זה, שבסיסו בבייג'ינג, הייתה שווה לפחות לשני שלישים מההון של הבנק האסייתי לפיתוח. ההשקעה הראשונית של AIIB היא גם כמחצית מזה של הבנק העולמי. AIIB מהווה איום ישיר על יסודות הבנק העולמי וקרן המטבע הבינלאומית שהונחו על ידי האמריקאים.

בשנת 1960, הכלכלה האמריקאית היוותה כ- 40% מהתמ"ג העולמי. כיום היא עומדת על פחות מ- 15% ב"שווי כוח הקנייה" (PPP) על פי הערכות קרן המטבע הבינלאומית ל- 2020. בינתיים, התמ"ג של סין ב- PPP עומד על 20% ועולה בהתמדה[22]. בשלושים השנים האחרונות, התמ"ג של סין גדל פי 15. לעומת זאת, התמ"ג האמריקאי רק הוכפל. בינתיים, החובות הלא פיננסיים המקומיים של ארה"ב מרקיעים שחקים. נתון זה עומד כיום על 80 טריליון דולר, בעוד למאזן הפדרלי של ארה"ב יש כעת 7 טריליון דולר בחוב שאינו בר פרעון.

"אובדן ההכנסות שנגרם למגזר הפרטי — וכל חוב
שגויס כדי לצמצם את הפער — חייבים בסופו של דבר לקבל ביטוי, באופן
מלא או חלקי, במאזנים הממשלתיים.
רמות חוב ציבורי גבוהות בהרבה יהפכו לתכונה קבועה של הכלכלות שלנו
וילוו בביטול חוב פרטי".

מריו דראגי,
לשעבר, נשיא הבנק המרכזי האירופי

The Gods Must be Crazy!
The Crocodile from the Yangtze
IMF 2018 GDP in PPP (Trillion $)

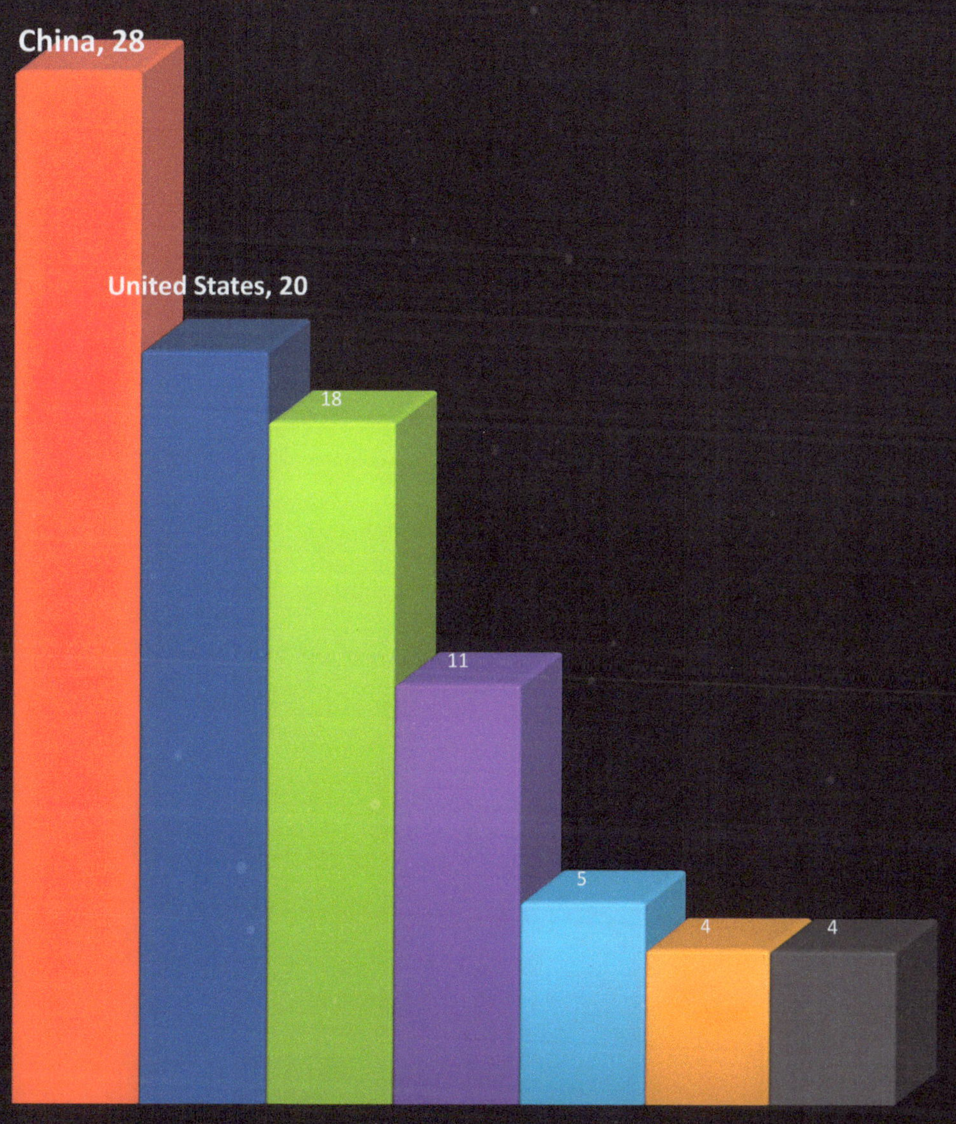

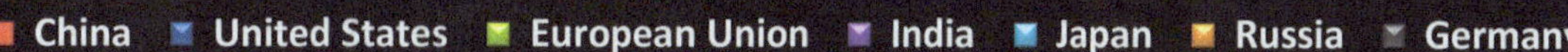

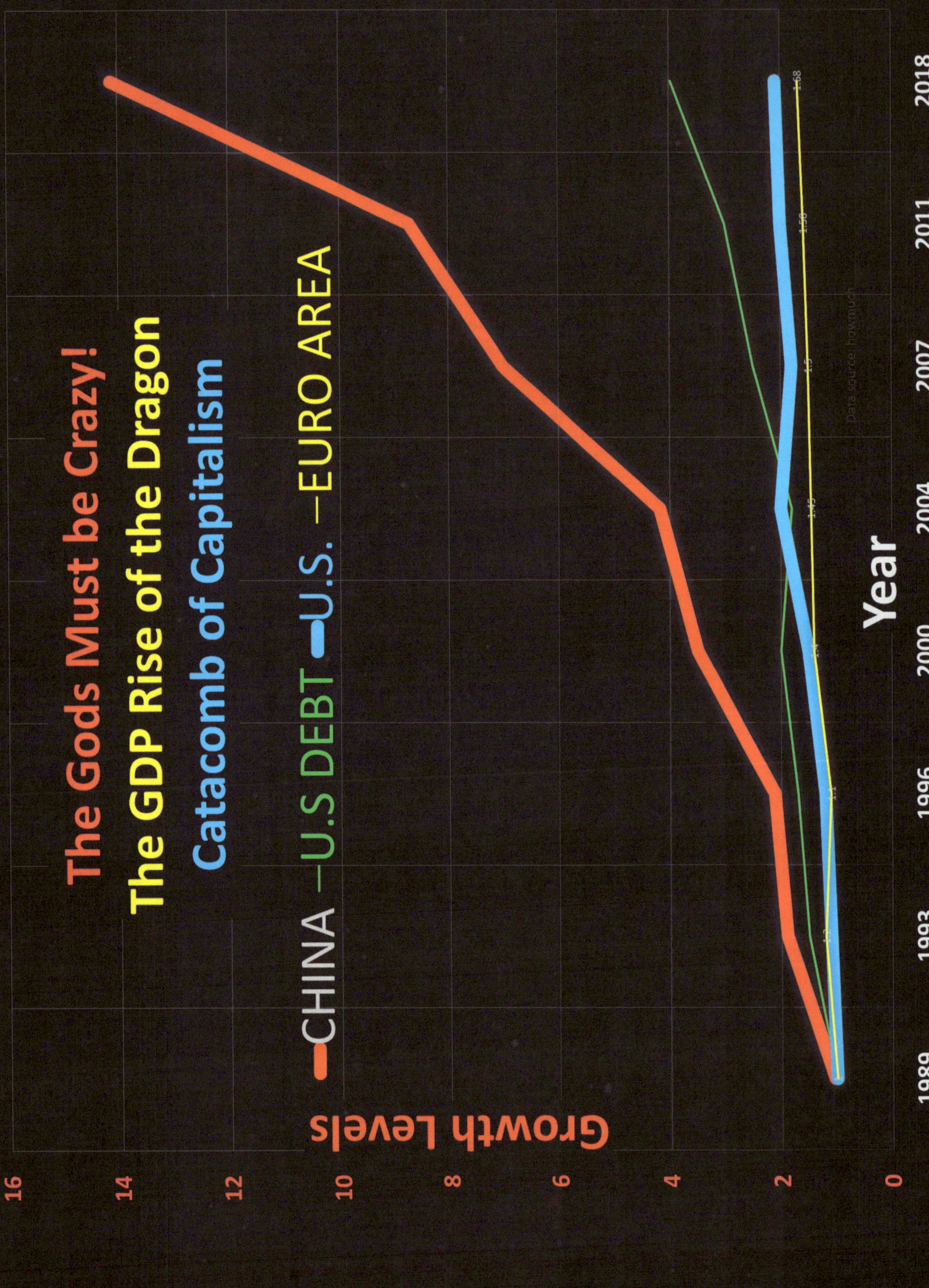

The Gods Must be Crazy!

The GDP Rise of the Dragon

Catacomb of Capitalism

CHINA — U.S DEBT — U.S. — EURO AREA

Growth Levels: 0, 2, 4, 6, 8, 10, 12, 14, 16

Year: 1989, 1993, 1996, 2000, 2004, 2007, 2011, 2018

Data source: howmuch

קיים תסכול רב הקשור לסגר הפתטי כאמצעי לבלימת הקורונה. כדי להוסיף עלבון לפגיעה, אחת ההשלכות הכ־ספיות של נגיף הקורונה היא האצת העברת העושר לראש הפירמידה. קריסה זו ביכולת הפירעון הפיננסי העולמי עלולה לגרום למהומות ואנרכיה בלתי נתפסות, אשר אני עד להן באופן אישי מול ביתי בשיקגו, ולעורר מלחמות אזרחים ברחבי העולם. אירועים גלובליים אלה עשויים להפוך לקיצוניים הרבה יותר מאלה שחווינו ב- 2020 ועשויים בסופו של דבר להשפיע עמוקות על יסודות ארגונים ברחבי העולם. במקביל, הארגונים הסיניים מזנקים מעל השומרים המערביים הישנים.

ביטחון לאומי

במהלך 2017 בזבזנו כסף על ציוד צבאי פרהיסטורי וכוח אדם יקר, בעוד הצבא הסיני הוציא רק 87% מתקציב הביטחון האמריקאי[23]. הם משקיעים את כספם בחוכמה ומתוך אסטרטגיה למגר את השפעתה של ארה"ב בעולם בהקדם האפשרי, החל מהחצר האחורית שלהם באזור אסיה-פסיפיק. בסין יש יותר משני מיליון חיילים בשירות פעיל (לעומת מיליון בארה"ב), שמונה מיליון אנשי מילואים (לעומת 800 אלף בארה"ב) ויותר מ- 385 מיליון חיילים נוספים זמינים לגיוס לצבא (לעומת 73 מיליון בארה"ב). בעוד שהסינים למדו בתבונה את כל ההיבטים של ארה"ב, אזרחים אמריקאים הם בעיקר בורים בכל הנעשה בעולם מחוץ לגבולות האומה שלהם. אוכלוסיית ארצות הברית נוטה להסתגר במגדלי השן שלה עתירי האזורים הירוקים, שמוקפים ב"חומה גדולה, גדולה, גדולה ויפה[2425]".

מערכת הבריאות האמריקאית היא עלובה, חסרת אחריות חברתית, מנותקת, לא בריאה, והבזבזנית מספר 1 בעולם בשירותי הבריאות (כ- 5 טריליון דולר בשנה). המגזר מנוהל על ידי כנופיה של "קרטלים רפואיים[26]". שודדי תרופות ובריאות הוציאו חמישה מיליארד דולר על שתדלנות מאז 1998. כפי שמגפת הקורונה חשפה, אפילו תחת חוק הייצור הביטחוני הנשיאותי, אנחנו בני ערובה של סין בייצור מסכות פנים של חברת 3M שלנו וציוד מגן אישי בסיסי (PPE).

בארה"ב, 90% מכל המרשמים מלאים בתרופות גנריות, ואחד מכל שלושה כדורים הנצרכים מיוצר על ידי יצרן גנרי הודי.
הודו מקבלת כ-68% מהרכיבים התרופתיים הפעילים שלה (API) מסין. "

מחקר שנעשה באפריל 2020 על ידי KPMG וקונפדרציית התעשייה ההודית (CII)

The Gods Must be Crazy!

New Confirmed COVID-19 Cases per Day, normalized by population

New Daily Confirmed Cases/100k people
(7-day Average)

Mar 1
Apr 1
May 1
Jun 1
Jul 1
Aug 1
Sep 1
Oct 1
Nov 14

0
5
10
15
20
25
30
35
40
45
50

-280 -273 -266 -259 -252 -245 -238 -231 -224 -217 -210 -203 -196 -189 -182 -175 -168 -161 -154 -147 -140 -133 -126 -119 -112 -105 -98 -91 -84 -77 -70 -63 -56 -49 -42 -35 -28 -21 -14 -7 0

Number of days ago

United States
European Union
Japan
China
Korea
Taiwan

Data: Johns Hopkins University CSSE; Updated: 11/15/2020
Interactive Visualization: https://91-DIVOC.com/ by @profwade_

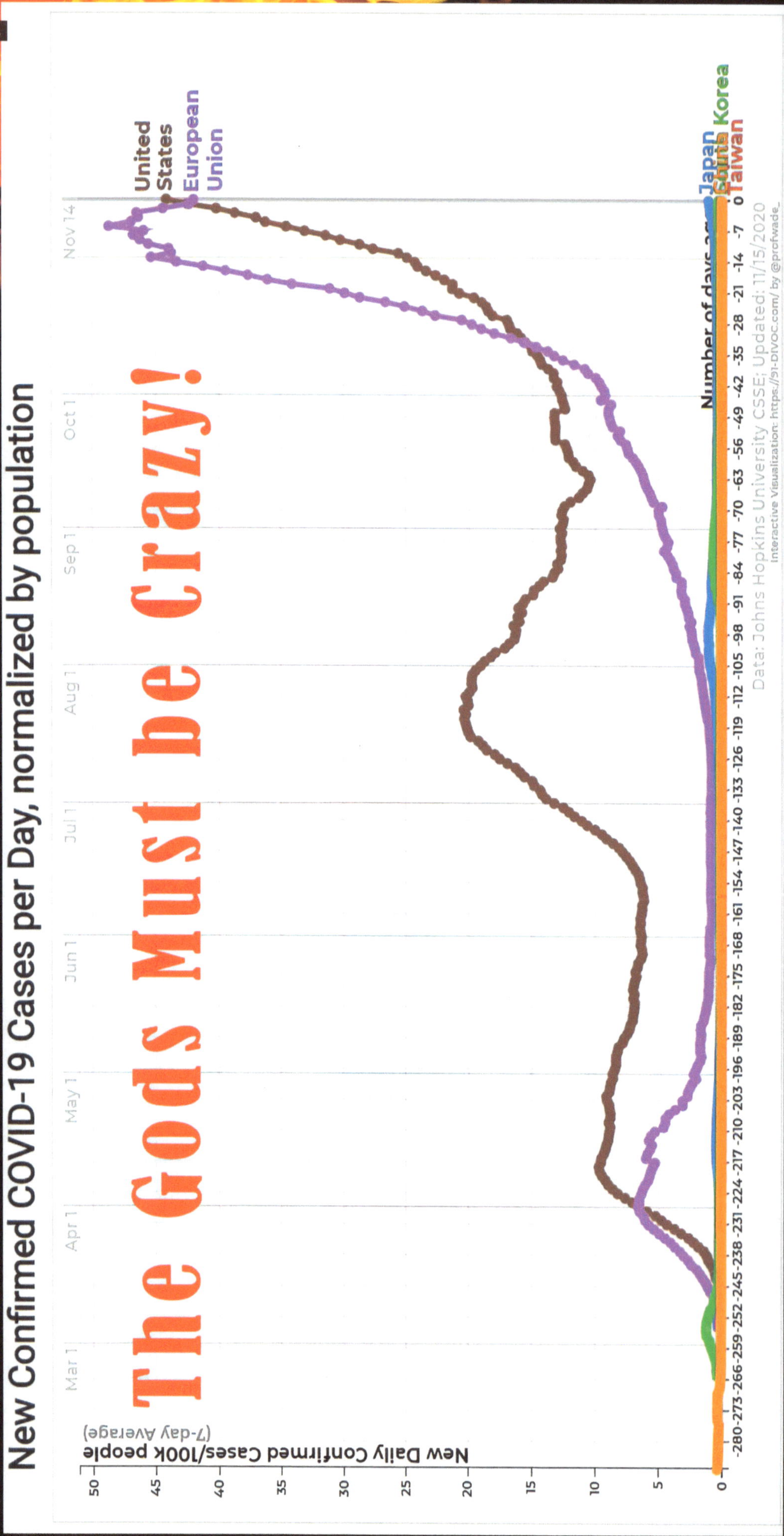

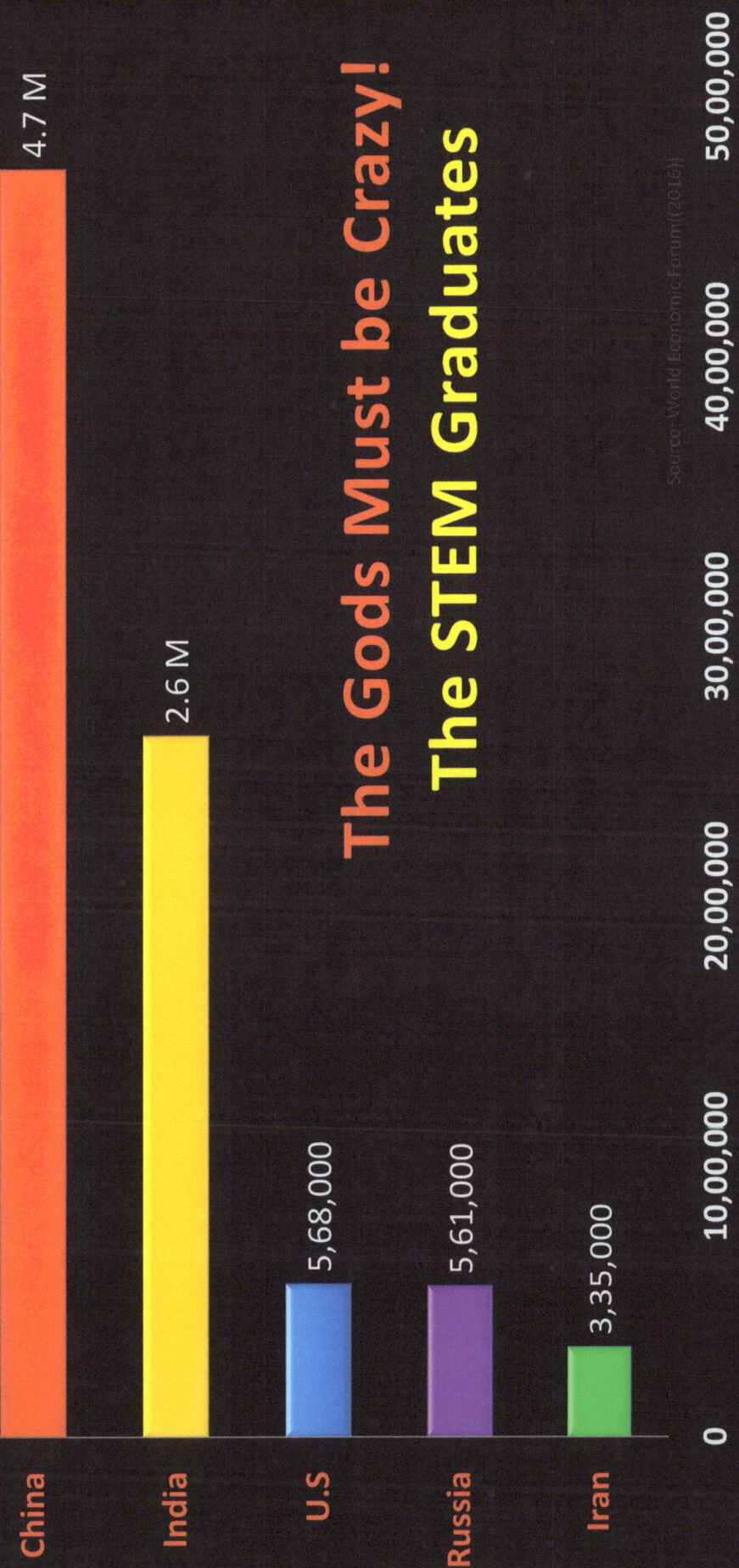
The Gods Must be Crazy!
The STEM Graduates
China
4.7 M
India
2.6 M
U.S
5,68,000
Russia
5,61,000
Iran
3,35,000
0
10,00,000
20,00,000
30,00,000
40,00,000
50,00,000
Source: World Economic Forum((2016))

ידע מתקדם

לפי ה- OECD, הממשל האמריקאי משקיע חלק נרחב מתקציבו הכספי על מכללות כמעט יותר מכל מדינה אחרת. הקיבעון הזה, כגון "הרדיפה אחר ספורט אתלטי" ללא כל החזר על ההשקעה (ROI), מיוחס לעתים קרובות לערך חינוכי[27]. למרבה הצער, מספר המהנדסים שמסיימים את לימודיהם מדי שנה בארצות הברית קטן משמעותית מאלה המסיימים את לימודיהם בסין או הודו. סין השקיעה 35 שנים בבניית מערכת פטנטים. על פי "ארגון הקניין הרוחני העולמי של האו"ם" (WIPO), הסינים הגישו כמעט מחצית מהפטנטים העולמיים שהוגשו בשנת 2018, ורשמו 1.54 מיליון בקשות (לעומת פחות מ- 600,000 שהוגשו על ידי ארה"ב), כשה־פטנטים המובילים הם בתחום טכנולוגיית הטלקום והמחשבים.

בין השנים 2017 ל- 2018 ארה"ב שלחה יותר מ- 11,000 סטודנטים לסין[28] לחינוך ברמה נמוכה. מנגד, סטו־דנטים סינים היוו יותר מ- 30% מכלל הסטודנטים הבינלאומיים הלומדים בארצות הברית (363,000 סטוד־נטים) לתארים מתקדמים, דוקטורט ועוד במוסדות היוקרתיים שלנו. סין בנתה אוניברסיטה חדשה מדי שבוע, וב- 2013, 40% מהבוגרים סיימו את לימודיהם במקצועות המדעים, טכנולוגיה, הנדסה ומתמטיקה (STEM), כפול מהסטנדרטים בארה"ב. על פי הערכות אלה, מספר בוגרי STEM הסיני יגדל בכ- 300% עד שנת 2030.

ידע מתקדם היה בעבר הגורם המניע לצמיחה ולנפילה של אימפריות וארגוניה. ידע הוא הבסיס של הקהילה והוא שולט ברוב התחומים. על פי דו"ח פיזה 2015 (PISA 2015), ארה"ב מדורגת בעקביות באחוזון התחתון של העולם המפותח[29]. חינוך מתחת לרמה הרגילה המקובלת מוביל להיעדר הזדמנויות וחברה לא שוויונית. יחס לא הוגן זה עלול להוביל לתסיסה אזרחית ולגרום נזק חמור לכלכלה ולארגוניה.

כתוצאה מכך, אחד מכל שלושה מבוגרים בארה"ב נעצר עד הגיעו לגיל 23. בעוד שארה"ב מייצגת כ- 4.4% מאוכלוסיית העולם, אחד מכל חמישה אסירים בעולם כלוא בארה"ב. לגברים שחורים יש סיכוי גדול פי שישה *להיכלא מאשר גברים לבנים*"[30]. נתונים מצערים אלה הם הגורם למחאות ומהומות המתרחשות על בסיס עקבי.

> *"אם אנחנו רוצים להגיע לשלום אמיתי בעולם הזה, צריך להתחיל בחינוך הילדים"*
>
> מהטמה גנדי

מערכת קפיטליסטית

הדג נרקב מהראש כלפי מטה. פסק הדין של בית המשפט העליון ב-21 בינואר 2010 היה המסמר האחרון בארון הקבורה של מודל הקפיטליזם של רוזוולט. פסק הדין "אזרחים מאוחדים" פתח את הדלת לתרומות ללא הגבלה של תאגידים למערכת הבחירות. רוב התרומות הללו נותבו על ידי הקבוצות החשאיות הידועות בשם ועדות פעולה פוליטיות (סופר PACs).[31]

(**Source Image Credit:**
Unknown author, 1931)

תעלולים שבוצעו בביצה שלנו (בוושינגטון הבירה) ובוול סטריט מאפשרים הקלות מס, חילוצים ובונוסים למנהלי חברות שמטילים ביצי זהב (הארגונים שלהם) באמצעות קנייה חוזרת של מניות והנדסה פיננסית קיצונית. בין 2009 ל- 2019, אמריקן איירליינס רשמה רכישות חוזרות של מניות בשווי 13 מיליארד דולר, בעוד שתזרים המזומנים החופשי שלה באותה תקופה היה שלילי. כל שש חברות התעופה הגדולות השקיעו באותה תקופה 47 מיליארדי דולרים מתוך 49 מיליארדי הדולרים שנוצרו מרכישות חוזרות של מניות.[32] היום, משלמי המיסים הת־מימים ממשיכים לחלץ את האנשים האלה, ומשחקי ההנדסה הפיננסית ינצלו את זה בקרוב, ויהפכו את האסון לבונוס.

"הקפיטליסטים ימכרו לנו את החבל שאיתו נתלה אותם".

ולדימיר איליץ' לנין

בינתיים, הממשלה הסינית משקיעה טריליוני דולרים במחקר ופיתוח, ארגונים חדשים, הכשרת כוח העבודה, וממנת אותם כדי לחפש את המלאכים שנפלו במערב (העסקים שלנו שנמצאים בצרות כלכליות). בתקופות סוערות אלה, אפילו קרנות הגידור של ממשלת ערב הסעודית משתתפות בחגיגה וזוללות נתחים בחברות דגל אמריקאיות תמורת כמה מיליוני דולרים. רשימת ציד הלווייתנים כוללת את קבלן ההגנה השני בגודלו בארה"ב, בואינג, שהוציא 43 מיליארד דולר מתוך תזרים מזומנים של 58 מיליארד דולר על רכישה חוזרת של מניות בעשור.[33] המנהיגים החכמים שלנו מוכרים את המדינה הזאת תמורת חופן של דולרים. זה עניין של ביטחון לאומי. הם עוצמים את עיניהם בזדון ומסיחים את דעתו של ציבור הבוחרים הבור בכך שהם זורקים לו חופן גרעינים.

"רכישות חוזרות הן הדוגמה העיקרית לצמיחת זן של מנכ"לים ודירקטו־ריונים חסרי כישורים ויכולות".

"ברחוב הראשי היום, אנשים נמחקים. כרגע, מנכ"לים עשירים הם לא במרכז, דירקטוריונים שיש להם ניהול נורא הם לא במרכז. אנשים הם כן במרכז".

"מה שעשינו הוא לתמוך באופן לא פרופורציונלי במנכ"לים ודירקטוריונים בעלי ביצועים גרועים, וצריך לסלק את האנשים האלה."

"רק כדי להיות ברור על מי אנחנו מדברים.
אנחנו מדברים על קרן גידור
שמשרתת חבורה של משרדים משפחתיים של מיליארדרים.

למי אכפת? הם לא מבלים את הקיץ בהמפטונס?"

"עדיף שהפד ייתן חצי מיליון לכל גבר, אישה וילד בארה"ב".

ראיון של ח'מאת פליהפטיה ב-CNBC

(משקיע מיליארדר וסגן נשיא לשעבר לצמיחת משתמשים בפייסבוק)

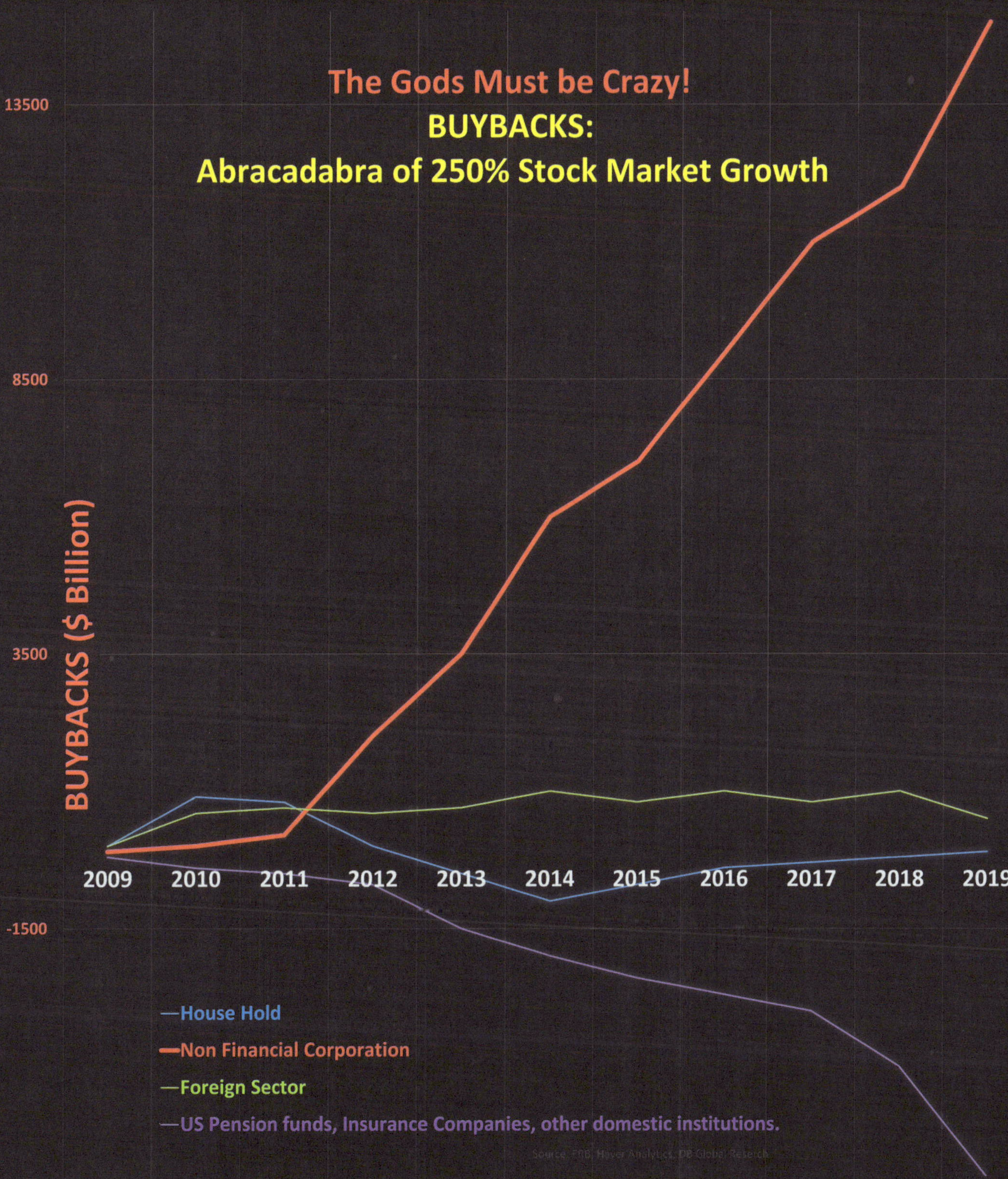
The Gods Must be Crazy!
BUYBACKS:
Abracadabra of 250% Stock Market Growth
BUYBACKS ($ Billion)
13500
8500
3500
-1500
-6500
2009
2010
2011
2012
2013
2014
2015
2016
2017
2018
2019
House Hold
Non Financial Corporation
Foreign Sector
US Pension funds, Insurance Companies, other domestic institutions.

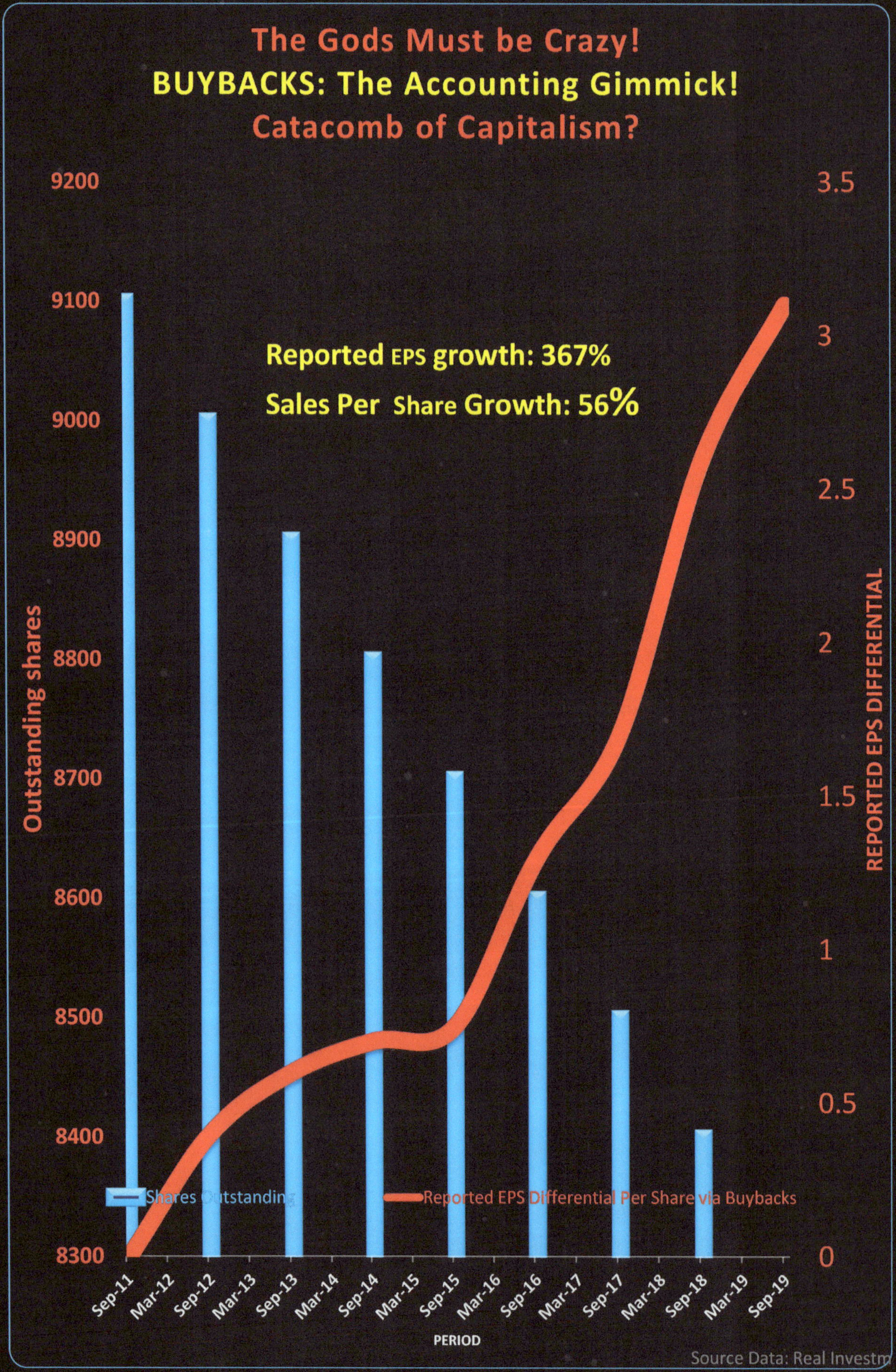

The Gods Must be Crazy!
BUYBACKS: The Accounting Gimmick!
Catacomb of Capitalism?

Reported EPS growth: 367%

Sales Per Share Growth: 56%

Outstanding shares

9200
9100
9000
8900
8800
8700
8600
8500
8400
8300

REPORTED EPS DIFFERENTIAL

3.5
3
2.5
2
1.5
1
0.5
0

Shares Outstanding

Reported EPS Differential Per Share via Buybacks

Sep-11 Mar-12 Sep-12 Mar-13 Sep-13 Mar-14 Sep-14 Mar-15 Sep-15 Mar-16 Sep-16 Mar-17 Sep-17 Mar-18 Sep-18 Mar-19 Sep-19

PERIOD

Source Data: Real Investm

מערכת ברמה עילית

הנדסה פיננסית שנעשית על ידי האליטות והבנקים המרכזיים שלנו, במיוחד מאז הקריסה הכלכלית של 2008, יצרה את רוב פער העושר שקיים כיום. חלקו הארי של הקרדיט הולך לאבי ההתלהבות הלא רציונלית, אלן גרינספן, לשעבר יו"ר הבנק הפדרלי של ארצות הברית (הפד) בשנים 1987 עד 2006. מדיניות מוניטרית מונעת ריבית, העברת כסף באמצעות הקלה כמותית (QE) ורכישת נכסים פיננסיים הן דוגמאות עיקריות. הלוואת כספים היתה בחינם/זולה ונוצלה לרכישות חוזרות, מיזוגים ורכישות, והישגים שונים של הנדסה פיננסית. התנהלות זו היא האחראית לעליות של שוק המניות ביותר מ- 250% בעשור האחרון.

למרבה הצער, רק למעטים מיוחסים הייתה גישה לכספים בחינם/זולים, אלה מוצגים בחלק האדום של הגרף. למרות זליגה מטה, הרוב המכריע (ראה חלק צהוב זעיר של הגרף) הפחית את חלקו בעוגה. כמה אליטות הפריטו ביעילות את הרווחים וגלגלו את התחייבויות המס והריבית לשנים הבאות. כאשר סין תשלח את גובי החובות שלה, יהיה זה ציבור משלמי המיסים שיהיה תקוע בגיהנום העיקולים וההחרמות, לא האליטות הממולחות במקלטי המס שלהן[34].

ארה"ב היא הכלכלה המפותחת היחידה שבה ההכנסה הממוצעת של 50% מאזרחיה במעמד הנמוך ירדה בשלושת העשורים האחרונים. במערכת הבחירות של 2016, הנשיא דונלד טראמפ ניצל את המסה של אנשים לבנים ממעמד הפועלים הנמצאים בייאוש ומייחלים לשינוי לתועלתו. בנוסף לשפיכת דם יקר, אמריקה שרפה יותר מ- 5 טריליון דולר בלחימה במלחמות דת שבטיות במדבריות המזרח התיכון, מה שהפך מעטים מאוד לעשירים ביותר. כל אזרח מ- 50% מהאזרחים במעמד הנמוך יכול היה לקבל צ'ק של 30,000 דולר אם המלחמות האלה היו נמנעות. לעומת זאת, 50% מהאזרחים במעמד הנמוך בסין חוו את שלושת העשורים הטובים ביותר מזה 3000 שנים. כ- 800 מיליון סינים יצאו ממעגל העוני, בעוד שמיליוני משפחות ממעמד הביניים בארה"ב נאלצו לרדת לתחתית הפירמידה, תוך הסתמכות על תלושי מזון וסיוע ממשלתי אחר.

רוזוולט בנה חברה מריטוקרטית (חברה שבוחרת אנשים לפי כישורים אישיים) שהפכה לפלוטוקרט זמינדר[35], מערכת שזרועותיה נמתחו עמוק. בעוד סין מנוהלת על ידי המהנדסים הטובים ביותר ונעה לעבר המערכת המריטוקרטית, המנהיגים שלנו מנצלים את הבטן הרכה והלא מרוצה של החברה שלנו ומנצחים בבחירות על ידי זריקת עצמות מהאשפה לעברם. השיטה הסינית אינה יכולה לשנות את המפלגה הקומוניסטית, אך המפלגה הקומוניסטית יכולה לשנות אסטרטגית את המדיניות כדי לנצל את האינטרסים ארוכי הטווח הטובים ביותר של המדינה. בארה"ב, אנחנו יכולים להחליף מפלגות בכל מחזור בחירות של אמצע קדנציה או ארבע שנים; עם זאת, למרבה הצער, אנו נשארים תקועים עם מדיניות "חרקירי" מיושנת וצרת אופקים של כמה לוביסטים שיש להם עניין מיוחד במדיניות זו. המערכת הקפיטליסטית המוסרית והאתית המבוססת על כללים, שפיתחו הרוזוולטים, בנתה מאגר של רצון טוב בבית ומחוצה לו בשבעים וחמש השנים האחרונות. למרבה הצער, ארה"ב מרוקנת כיום את המאגר הן בבית והן בחו"ל על ידי יישום מדיניות הטווח הקצר הדרקונית שלה.

הצורה האורתודוקסית הרדיקלית של הקפיטליזם הנהוגה כיום על ידי מהנדסים פיננסיים פראיים מובילה למלכודות חוב, התורמות לקולוניזציה כלכלית, פופוליזם, אימפריאליזם, פשיזם, התקוממויות, מהומות, מהפכות, מלחמות, קונפליקטים ואנרכיזם. כפי שחווינו בבחירות המקדימות בארה"ב, מועמדים לנשיאות כמו ברני סנדרס, אליזבת וורן ואחרים מטיפים ללא הצלחה לסוציאליזם (חלוקה מחדש של העושר תוך שמירה על הדמוקרטיה).

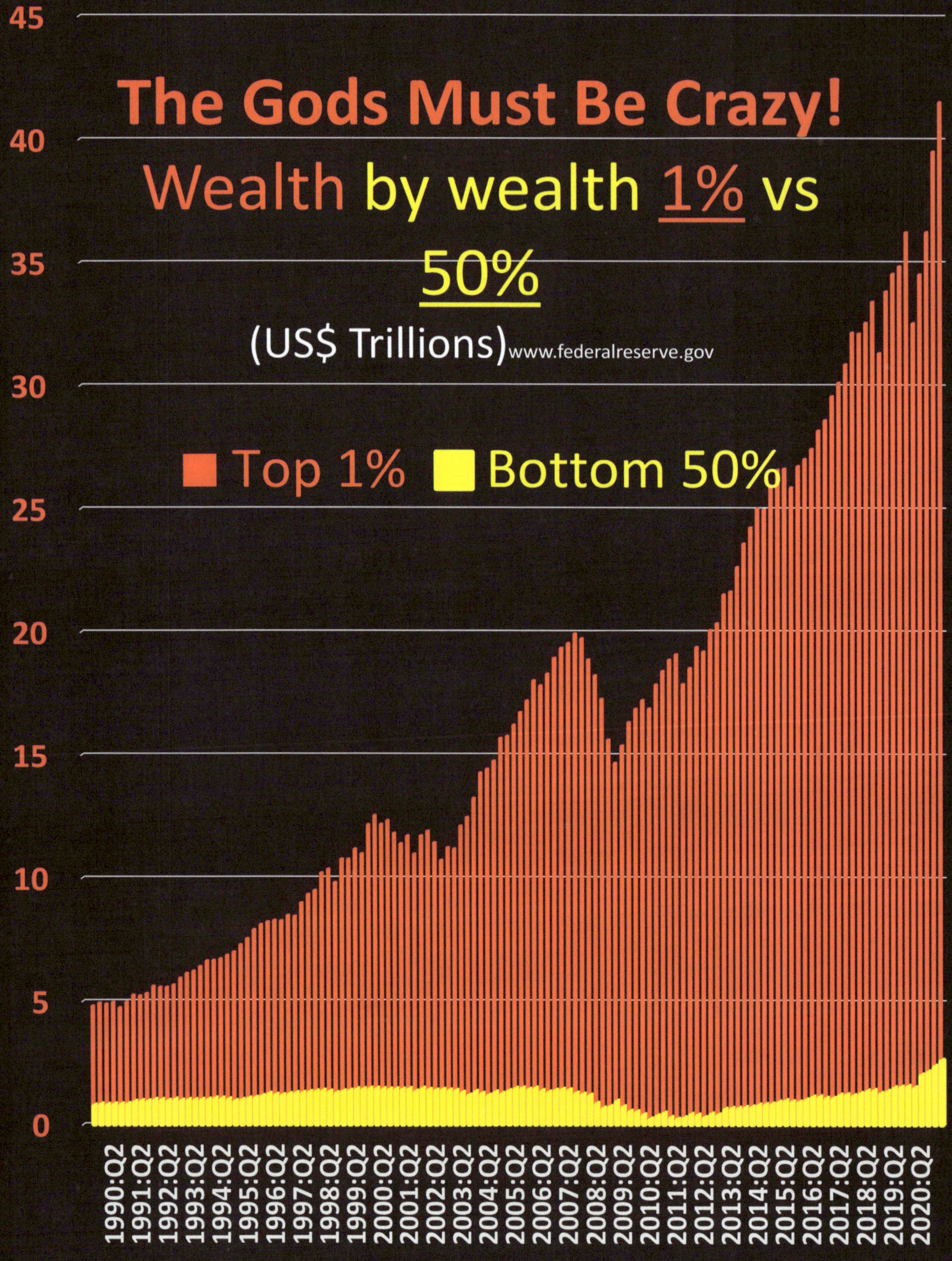

The Gods Must Be Crazy!

Wealth by wealth 1% vs 50%

(US$ Trillions) www.federalreserve.gov

■ Top 1% ■ Bottom 50%

45
40
35
30
25
20
15
10
5
0

1990:Q2
1991:Q2
1992:Q2
1993:Q2
1994:Q2
1995:Q2
1996:Q2
1997:Q2
1998:Q2
1999:Q2
2000:Q2
2001:Q2
2002:Q2
2003:Q2
2004:Q2
2005:Q2
2006:Q2
2007:Q2
2008:Q2
2009:Q2
2010:Q2
2011:Q2
2012:Q2
2013:Q2
2014:Q2
2015:Q2
2016:Q2
2017:Q2
2018:Q2
2019:Q2
2020:Q2

למרבה התיעוב, כמה אידיאולוגים קיצוניים מהשמאל יפנו לקומוניזם (חלוקת רוב העושר באופן כמעט שוויוני), כפי שניתן לראות בוונצואלה, זימבבואה וצפון קוריאה. מה שמדאיג עוד יותר הוא העובדה, שרבים על הספקטרום הימני יהפכו למיליציה פשיסטית (קפיטליזם אוטוקרטי הנשלט על ידי המדינה), כפי שקרה ברייך השלישי (גרמניה הנאצית), איטליה הפשיסטית ויפן הקיסרית בשנות ה- 20 וה- 30.

גרסאות "ברבור שחור" של אירועים קיצוניים כמו מגפת הקורונה, המתרחשים (ומחריפים) בתקופות פגיעות, משמשים להורדת החוסן הפנימי כלפי מטה באופן מעריכי. מלחמת אזרחים שנייה מבעבעת מאז ההתרסקות הכלכלית של 2008, שיצרה חלוקה לא שוויונית עצומה של העושר. התפרצות הקורונה, עצרות חיי השחורים נחשבים (Black Lives Matter) וההמהומות שבאו לאחר מכן, מציתות את גחלי האש הבוערת באיטיות. אם לא תנוהל כראוי, הלהבה תתפשט ברחבי העולם כמו אש האביב הערבי ותצית את חומרי הבערה של האפוקליפסה.

הנדסה פיננסית קיצונית

הודות למספר גורדון גקו בודדים[36], הרוב המכריע של האנשים באליסיום[37] סובלים כלכלית. זהו שיא האשליה שנקראת גלובליזציה והקפיטליזם של רוזוולט. **לכולם יש חלק גדול באשמה, וזה מתחיל בי.**

"*שעת הניצחון הגדולה ביותר של הקפיטליזם היא שעת המשבר שלו*[38], ומשבר הוא דבר נורא לבזבז. ארה"ב הפכה למעצמה קפיטליסטית משום שרוזוולט הפך את שתי מלחמות העולם, את השפעת הספרדית, את השפל הגדול ומשברים אחרים להזדמנויות על ידי ניצחון על האימפריה הבריטית, שאיבדה את הקסם שלה. סין נהנית כעת ממצב דומה. פיגועי ה- 11 בספטמבר 2001, ובמיוחד הצונאמי הכלכלי של 2008, הציעו לנו הזדמנויות פנטסטיות לנצל את הצבא העליון שלנו, עתודות המטבע, רצון טוב פוליטי ומשאבים רבים אחרים.

אבל הלוביסטים שלנו בבוץ שבוושינגטון הבירה חטפו את ההזדמנות, והשתמשו בה כדי לתמוך בתעלולים שלהם בוול סטריט (שעוררו את הצרות מלכתחילה), במקום להשקיע בתשתיות הקריטיות המתפוררות שלנו.

למרבה הצער, במקום לנצל את ההזדמנויות הגלובליות הפנטסטיות, ארבע חברות הייעוץ המובילות, משרדי רואי חשבון וכו', קפצו על המסלול הטפילי. הזדמנויות אלה מוסגרו כהתחייבויות; העתיד וההזדמנויות הפכו למרכזי עלות במקום למרכזי רווח. הם היו בקיאים בפרקטיקה של הנדסה פיננסית מסורתית קיצונית והתמידו בהלקאת הסוס הקפיטליסטי המידרדר תמורת כמה דולרים ודחקו את כל הקפיטליזם העתידי למזרח. תוכניות אלה, כגון קביעת קריטריונים בפזיזות, טרנספורמציות (טכנולוגיות מידע, מימון, שרשרת אספקה וכו'), ניהול שרשרת אספקה יעיל מבחינה מיסויית (TESCM), מיקור חוץ של תהליכים עסקיים, ייצור חוזים, ביצוע הליכי מו"פ מחוץ לגבולות המדינה, ארגון מחדש ועוד, גרמו לנזק בלתי הפיך לחוסנו של הארגון. התוצאה הסופית היא ארגון מת.

קרנות גידור טפיליות, תאגידים פיראטיים וחברות השקעה פרטיות ניצלו את ההזדמנות לפשוט על כמה מהארגונים שנותרו עם מאזנים מצוינים, ומצצו את כל הדם שנותר על ידי העמסתם בחובות לטווח קצר ובריבית גבוהה. גם כאשר הארגון עליו פשטו נכשל, חברות ההון הפרטי הטפיליות המשיכו למצוץ את כספי הדם שלהם הודות לעמלות מראש ולריבית.

בניגוד לאפשרות לראות את זה כהזדמנות להשקיע מחדש בארגונים שלהם, המנהיגים של חברות העל שלנו וחברי הדירקטוריון שלהם רואים בכך הזדמנות להנדס את המאזנים הטובים שלהם על ידי רכישה חוזרת של מניות, ובכך להעשיר את עצמם. כמו בצונאמי הכלכלי של 2008, משלמי המיסים הצילו את חברות הזומבים האלה - ההתנהגות הפיננסית הלא נאותה בוושינגטון גרמה להפרטת הרווחים על ידי הטלת ההתחייבויות על משלם המיסים.

לפי SBA, עסקים קטנים מהווים 99.7% מהמעסיקים בארה"ב ו- 64% מהמשרות החדשות נטו במגזר הפר־טי[39]. בשבועות ספורים ב- 2020 בלבד, 25% מהעסקים הקטנים נסגרו, והותירו קרוב ל- 40 מיליון אמריקאים מובטלים. השעון מתקתק באשר להשבתות קבועות.

בהיותם ספקים של רעיונות והתנהגות מקצועית בלתי הולמת אצל אוכלי נבלות פיננסיים-הנדסיים קיצוניים אלה, בתי ספר אופורטוניסטיים לעסקים של ליגת ה-IVY (קבוצת אוניברסיטאות ותיקות במזרח ארה"ב בעלות יוקרה אקדמית וחברתית גבוהה, הכוללת את הרווארד, ייל, פרינסטון וקולומביה) צריכים להודות בחלקם באחריות ללינץ' ביסודות הקפיטליזם המוחלש שנבנה על ידי הרוזוולטים - טדי, פרנקלין ואלינור. בוגרי בתי ספר לעסקים רבים של ליגת ה-IVY, ואנשי מקצוע יוקרתיים שרודפים אחר חלומות פיננסיים, הגיעו לוול סטריט או לאחת מחברות ה- BIG4. תמורת חופן דולרים, רוב מהנדסי העילית הגיעו גם הם לתחום ההנדסה הפיננסית.

אז *מה טוב בוול סטריט?* רוב מה שבנקאי ההשקעות עושים הוא חסר ערך מבחינה חברתית ועלול להיות מסוכן עבור ארה"ב והכלכלה העולמית. מלבד מוצרים רעילים כתוצאה מהנדסה פיננסית, אילו דברים מוחשיים הם מתכננים, בונים או מוכרים? וול סטריט מנותקת מהאנשים. הם הורידו את הכלכלה על ברכיה, ויצרו את *"גדול מכדי להיכשל"*, שהלאים את ההתחייבויות (והעביר אותן למשלם המיסים) והפריט את הרווחים. הם יצרו את הנגזרות הפיננסיות ומכשירים הרי אסון אחרים ועודדו נטילת סיכונים בשוק מוטה ומבוים.

כפי שניתן לראות בגרף שלהלן, שני שלישים מההכנסות של ה- BIG 4 מגיעות משירותי ביקורת ומיסים. נוהלי ביקורת רואה חשבון הם בבחינת נתיחה שלאחר המוות של מספרים היסטוריים ומונעים בעיות בדרישות תאימות פנימיות וחיצוניות. נוהלי מס מסייעים ללקוחות לנצל פרצות של הטבות מס, מקלטי מס בחו"ל, ניהול שרשרת אספקה יעיל מבחינה מיסויית (TESCM) ופרקטיקות אחרות, שעשויות להיות רעילות למשלמי המיסים. חלק ניכר משיטות הייעוץ מורכב מהנדסה פיננסית. עד לאיזו דרגה מוסדות ליגת ה-IVY שלנו ימשיכו לטייח לגבי האחריות החברתית התאגידית (CSR) והעתיד האתי של ארגונים ושל אמריקה? או שהם מסוגלים רק להיות טרמיטים שאוכלים את היסודות שלה?

"בין 2009 ל-2015, 50 החברות הגדולות בארה"ב קיבלו יותר מ- 423 מיליארד דולר בהקלות מס והוציאו יותר מ- 2.5 מיליארד דולר על שתדל־נות בקונגרס כדי לשפר עוד יותר את שורת הרווח שלהן".

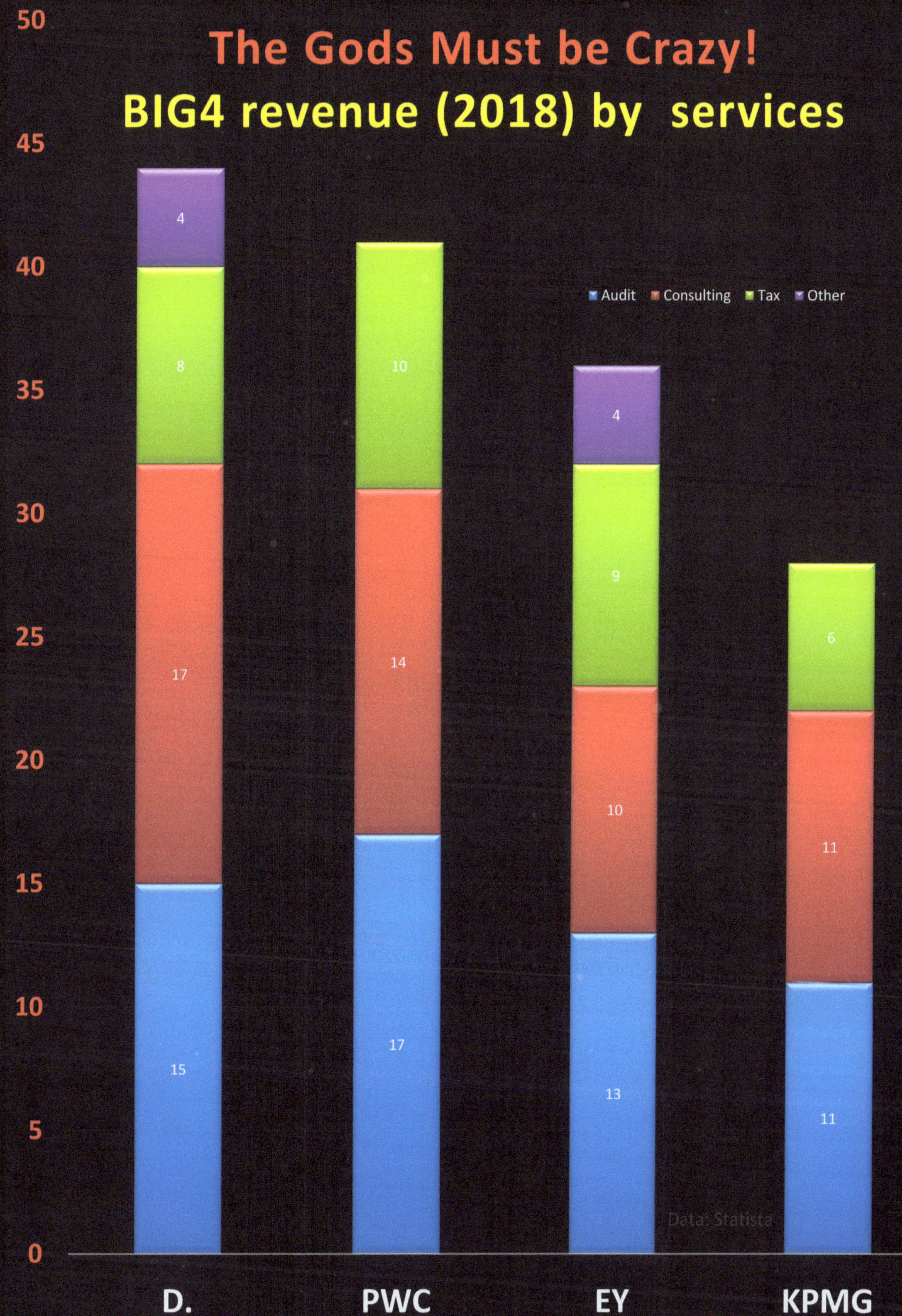
The Gods Must be Crazy!
BIG4 revenue (2018) by services
Audit
Consulting
Tax
Other
50
45
40
35
30
25
20
15
10
5
0
4
8
17
15
10
14
17
4
9
10
13
6
11
11
Data: Statista
D.
PWC
EY
KPMG

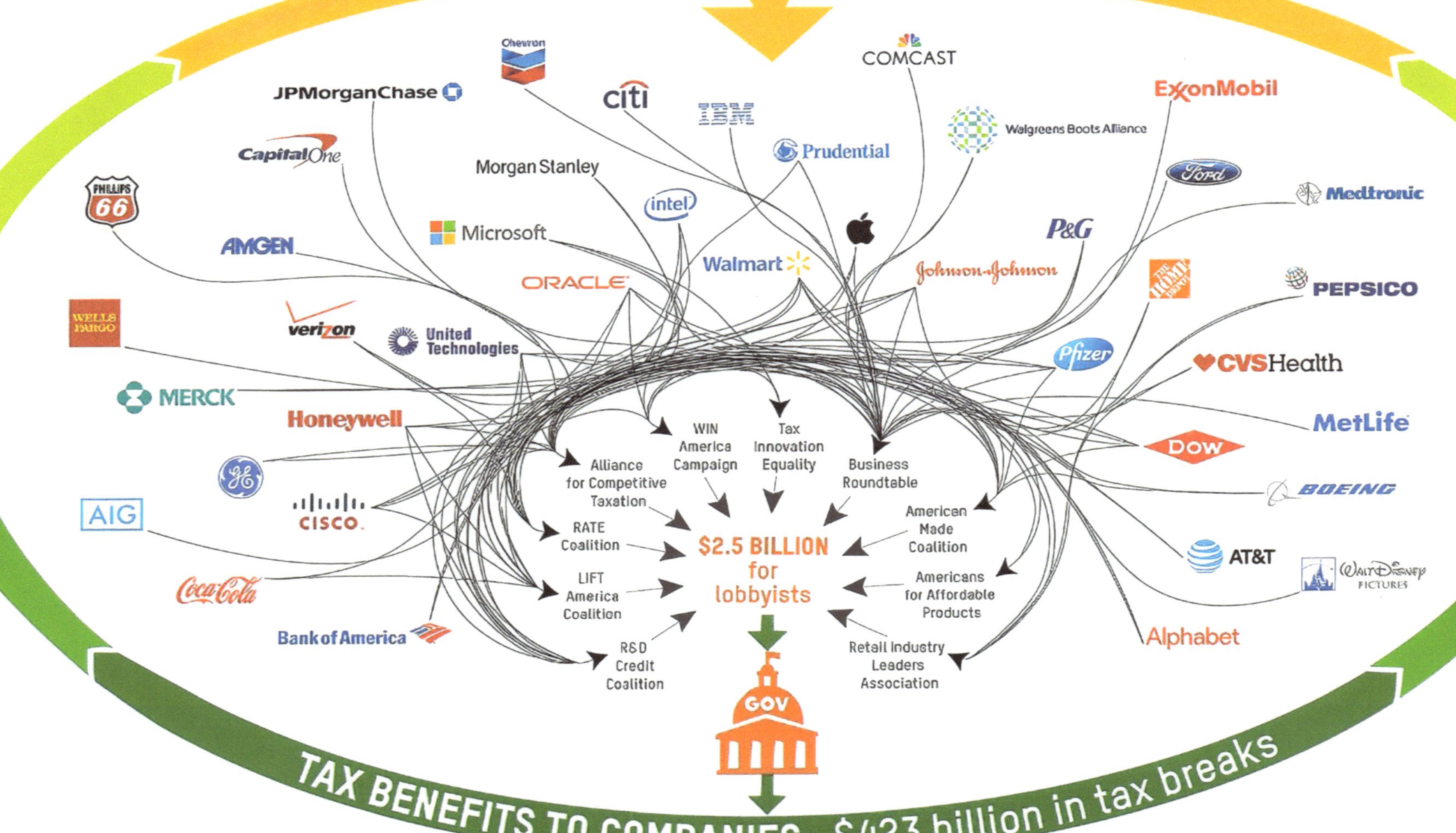

Chevron
COMCAST
JPMorganChase
citi
IBM
ExxonMobil
Walgreens Boots Alliance
Prudential
Capital One
Morgan Stanley
intel
Ford
Medtronic
PHILLIPS 66
AMGEN
Microsoft
Walmart
P&G
Johnson & Johnson
ORACLE
The Home Depot
PEPSICO
WELLS FARGO
verizon
United Technologies
Pfizer
CVSHealth
MERCK
Honeywell
MetLife
Dow
GE
BOEING
AIG
CISCO
AT&T
Walt Disney Pictures
Coca-Cola
Bank of America
Alphabet
WIN America Campaign
Tax Innovation Equality
Alliance for Competitive Taxation
Business Roundtable
American Made Coalition
RATE Coalition
$2.5 BILLION for lobbyists
LIFT America Coalition
Americans for Affordable Products
R&D Credit Coalition
Retail Industry Leaders Association
GOV
TAX BENEFITS TO COMPANIES: $423 billion in tax breaks

אליסיום[40]

אז, הטפילים שלנו ריסקו את יסודות הקפיטליזם שנקבעו על ידי רוזוולט. כתוצאה מכך, אנו חווים את מותה של מדינת הלאום. במקומה, אנו עדים לעלייה המרהיבה של סוג חדש של "אליסיום על סטרואידים" הקורע לגזרים את היסודות המתמוטטים של המערכת הקפיטליסטית של רוזוולט.

על ידי חנק חדשנות וחטיפת הדמוקרטיה, קבוצות כמו FAANG (פייסבוק, אמזון, אפל, נטפליקס וגוגל) הופכות לקרטלים המסוכנים ביותר בעולם. ועם שווי שוק כולל העומד על כ- 5 טריליון דולה, הן מאיימות על יסודות הציוויליזציה.

שווי השוק של חברות ה- FAANGM (פייסבוק, אמזון, אפל, נטפליקס, גוגל ומיקרוסופט) עלה בטריליון דולר רק השנה. זה יותר משווי השוק כולו של מגזר האנרגיה במדד ה- S&P 500. בינתיים, הכלכלה הריאלית קורסת. בעוד וול סטריט וענקי הטכנולוגיים חוו את שיא ההצלחה, אוכלוסיית השתלטה על יתר האוכלוסייה שחוותה את הרבעון הגרוע ביותר מזה 145 שנים לפחות.

רבע מאזרחי העולם הם משתמשים פעילים בפייסבוק. יש הטוענים כי הם אחראים לבחירתו של נשיא ארה"ב הקודם. במזכר כתב סמנכ"ל פייסבוק אנדרו בוסוורת' כי השימוש של קמפיין טראמפ בכלי הפרסום של פייסבוק אחראי לניצחון של דונלד טראמפ בבחירות לנשיאות ב- 2016[41]. זה יכול אפילו לקרות שוב. יהיה מעניין לראות את גורלו של הדולר האמריקאי כאשר פייסבוק תצייד את משתמשיה בליברה (מטבע קריפטוגרפי) אלקטרו-דולה.

"אין שיח אזרחי, אין שיתוף פעולה; מידע מוטעה, חוסר אמון. וזו לא בעיה אמריקאית — לא מדובר בפרסומות רוסיות. זוהי בעיה גלובלית.

אני חושב שיצרנו כלים שקורעים לגזרים את המרקם החברתי של האופן בו חברה עובדת. לולאות המשוב לטווח הקצר שיצרנו, המונעות על ידי דופמין, הורסות את האופן שבו החברה עובדת.
אתה מתוכנת.

"אני מרגיש אשמה עצומה. עמוק בתוכנו, ידענו שמשהו רע יכול לקרות."

ח'מאת פליהפטיה

(משקיע מיליארדר וסגן נשיא לשעבר לצמיחת משתמשים בפייסבוק)

תחי וול סטריט!

בעבר, ניו יורק הייתה המרכז הפיננסי של העולם, כי מבחינה כלכלית ארה"ב הייתה בפסגת העולם. סין הקימה את מרכז העסקים שלה בשנחאי, והיא כבר החלה למוטט את ההשפעה האמריקאית. מספר התאגידים הציבוריים בארה"ב ירד בהתמדה לאחר שהגיע למספר שיא בסוף שנות ה- 90. בשל הון פרטי, מיזוגים, רכישות והזרמות הון, הוא התכווץ מיותר מ- 7,000 חברות לפחות מ- 3,000. בינתיים, שוק המניות הסיני צמח *מאפס* לכ- 4,000 חברות, בנוסף ל- 2,500 החברות הרשומות בהונג קונג.

"עלינו לראות שחברות סיניות, חלקן בתמיכת כספי מדינה, מנסות יותר ויותר לרכוש חברות אירופאיות זולות לרכישה או כאלה שנקלעו לקשיים כלכליים בשל משבר הקורונה...

סין תהיה המתחרה הגדולה ביותר שלנו בעתיד, במונחים כלכליים, חברתיים ופוליטיים...

אני רואה בסין מתחרה אסטרטגית לאירופה,
שמייצגת מודל סמכותי של חברה,

שרוצה להרחיב את כוחה ולהחליף את ארצות הברית כמעצמה מובילה...

האיחוד האירופי, אם כן,
צריך להגיב בצורה מתואמת
ולשים קץ ל'סבב הקניות הסיני'."

מנפרד וובר,

(ראש קבוצת EPP בפרלמנט האיחוד האירופי (חדשות NPR 17-5-20))

בסביבות 1960, הכלכלה האמריקאית היוותה כ- 40% מהתמ"ג העולמי. כפי שראינו, הוא ירד לפחות מ- 15% משווי כוח הקנייה (PPP). בינתיים, התמ"ג של סין שועט מעלה, ומהווה מעל 20% מהתמ"ג העולמי כיום. תאוות הבצע הקיצונית המטופשת שלנו בזבזה את הרצון הטוב שלנו. אם לא נבצע את המעשה שלנו יחד, ובמהירות, ימי האימפריה והארגונים שלנו ספורים, במיוחד בהתחשב בכך שאנו שולטים ב- 79.5% מכלל הסחר העולמי הודות לרזרבת המטבע שלנו (הדולר האמריקאי).[42]

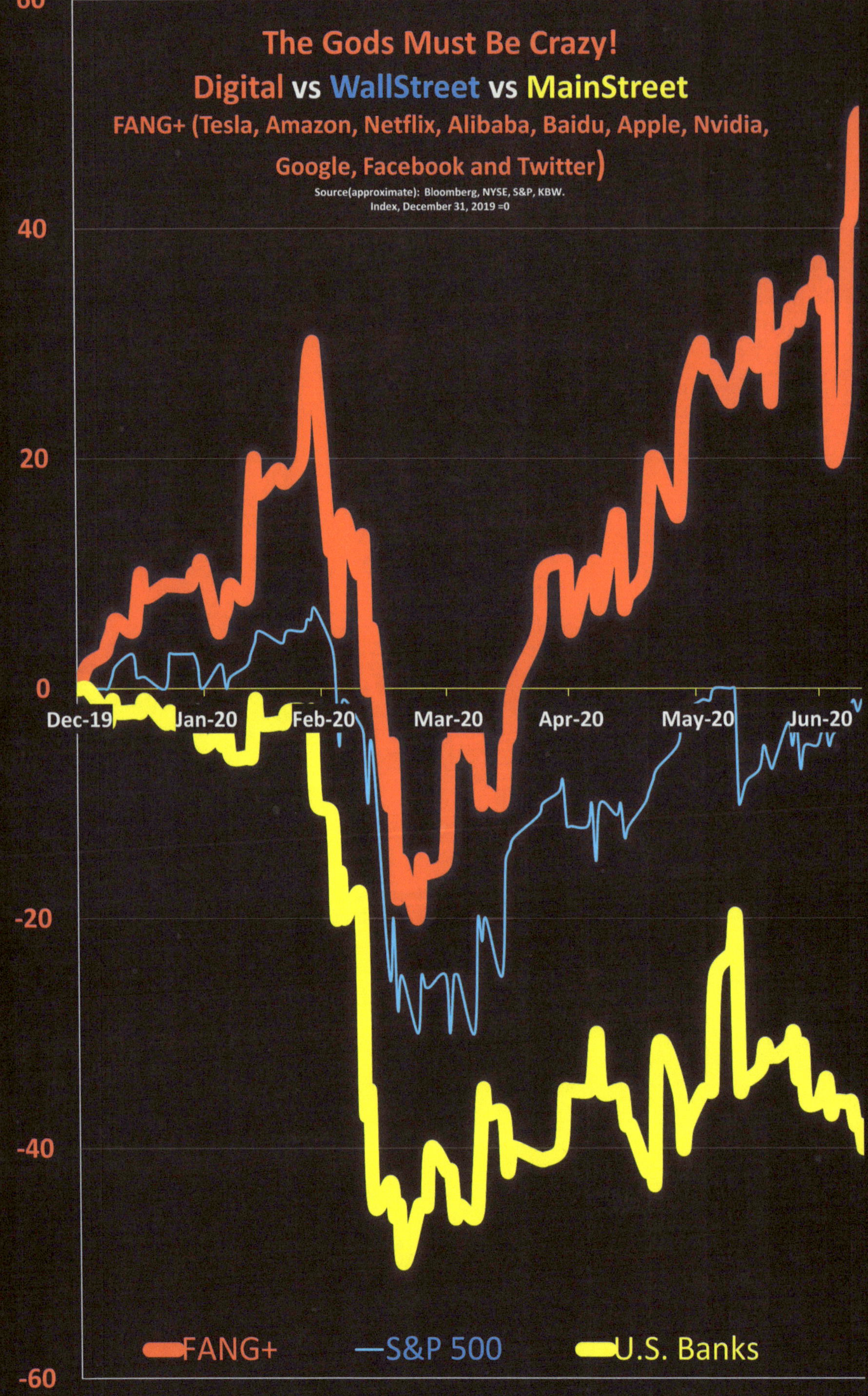
The Gods Must Be Crazy!
Digital vs WallStreet vs MainStreet
FANG+ (Tesla, Amazon, Netflix, Alibaba, Baidu, Apple, Nvidia, Google, Facebook and Twitter)
Source(approximate): Bloomberg, NYSE, S&P, KBW.
Index, December 31, 2019 =0
60
40
20
0
-20
-40
-60
Dec-19
Jan-20
Feb-20
Mar-20
Apr-20
May-20
Jun-20
FANG+
S&P 500
U.S. Banks

The Gods Must Be Crazy!

Real Gross Domestic Product

Source: U.S. Bureau of Economic Analysis(FRED, Q2 2020)

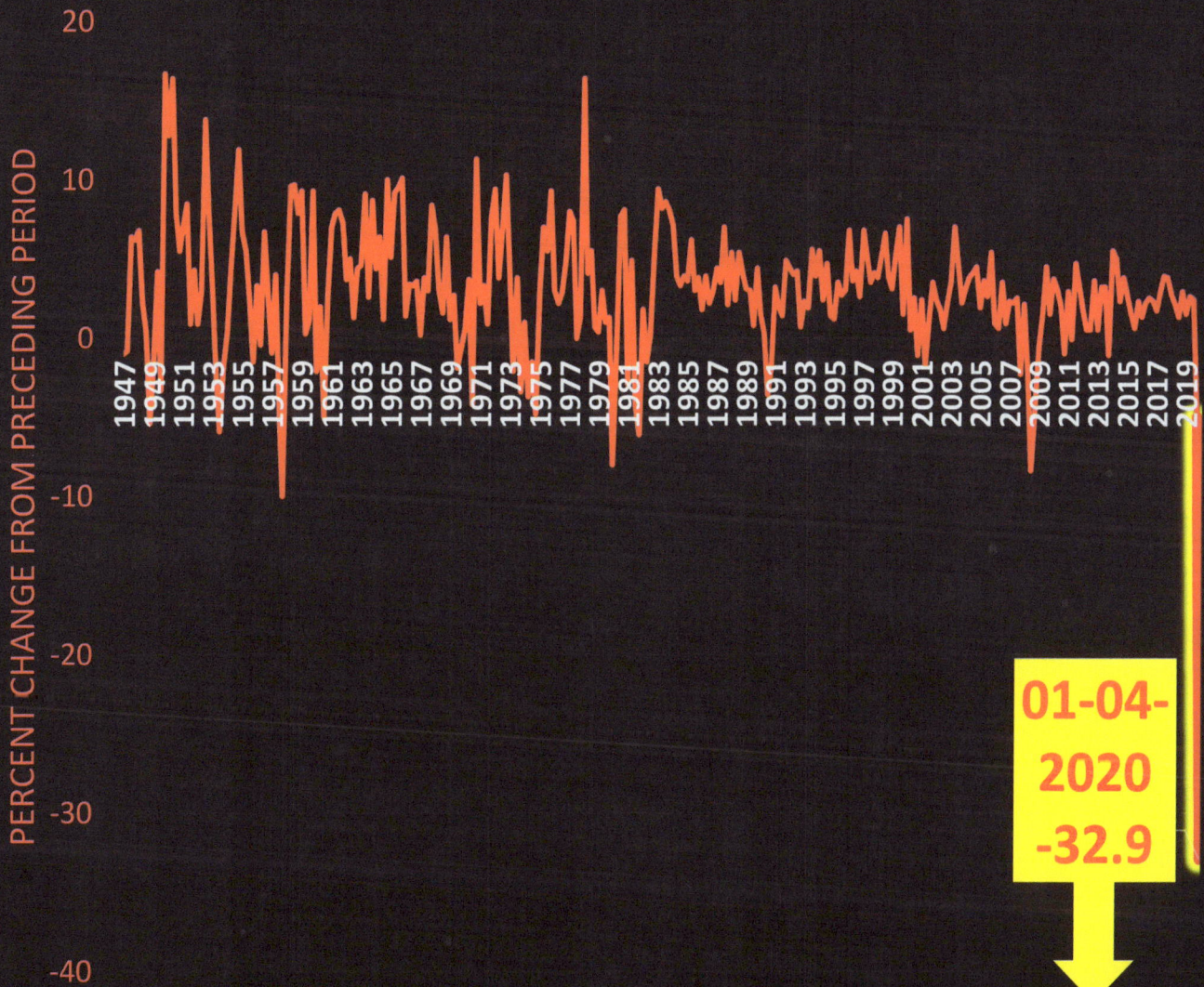

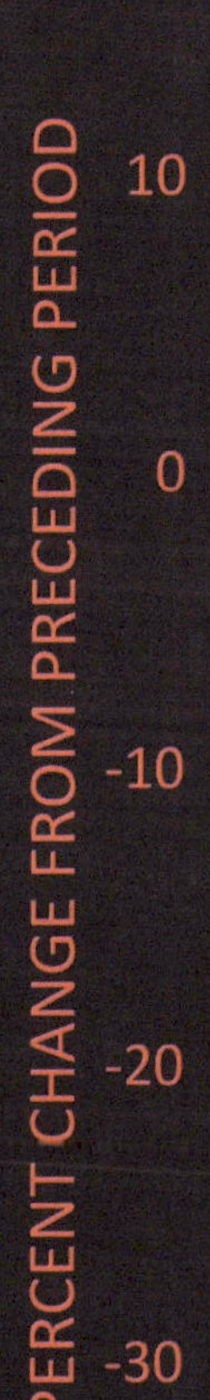

20

10

0

-10

-20

-30

-40

1947 1949 1951 1953 1955 1957 1959 1961 1963 1965 1967 1969 1971 1973 1975 1977 1979 1981 1983 1985 1987 1989 1991 1993 1995 1997 1999 2001 2003 2005 2007 2009 2011 2013 2015 2017 2019

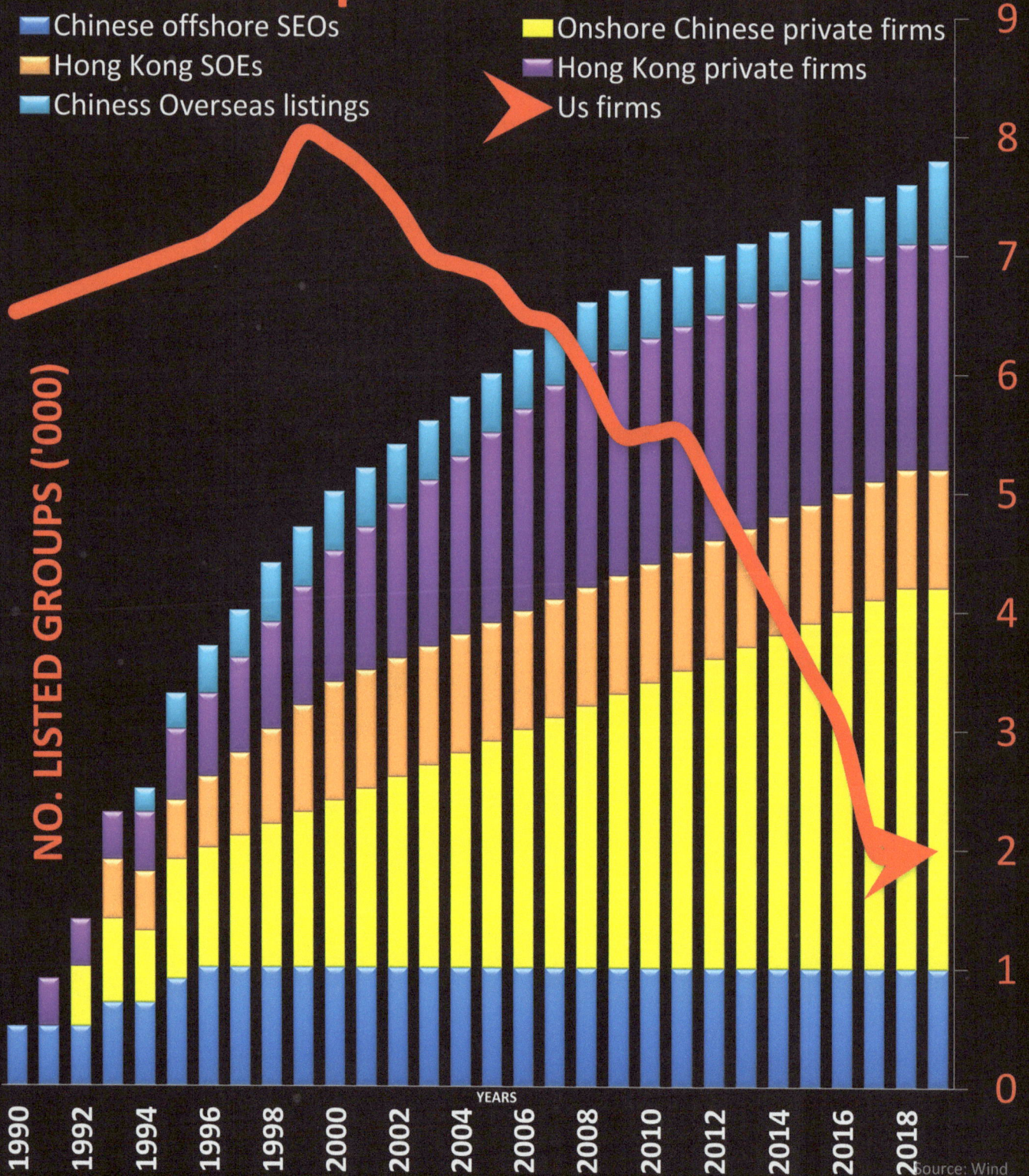

The Gods Must be Crazy!

Catacomb of Capitalism?

US Enterprises Black Hole?

Hong Kong SOEs

Chiness Overseas listings

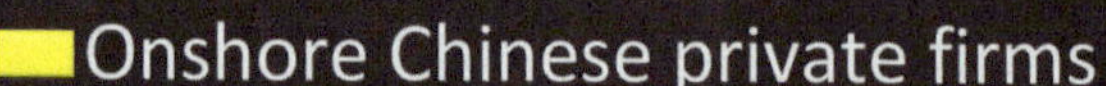

Hong Kong private firms

NO. LISTED GROUPS ('000)

9 8 7 6 5 4 3 2 1 0

YEARS

1990 1992 1994 1996 1998 2000 2002 2004 2006 2008 2010 2012 2014 2016 2018

Source: Wind

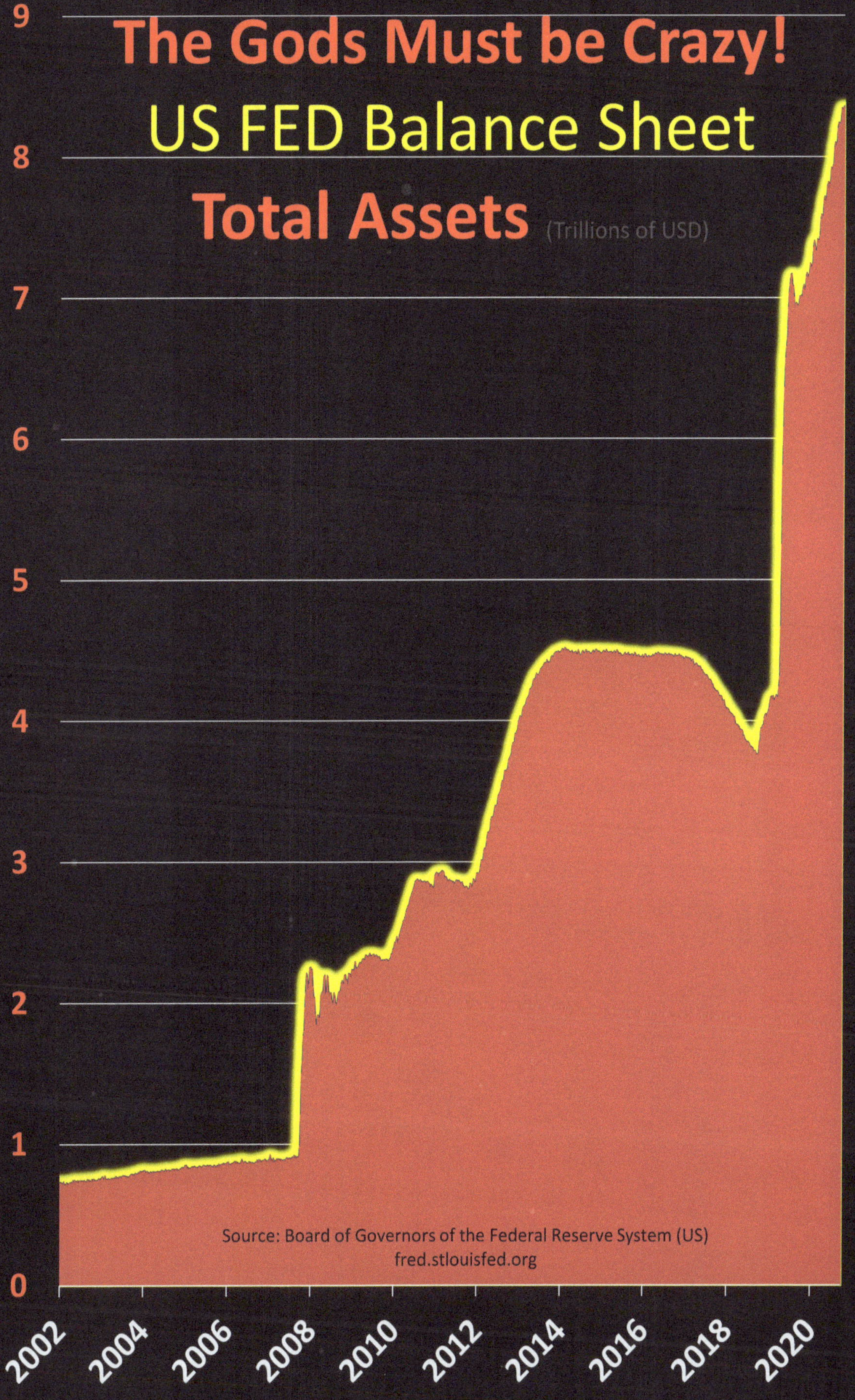

The Gods Must be Crazy!

US FED Balance Sheet

Total Assets (Trillions of USD)

9
8
7
6
5
4
3
2
1
0

2002 2004 2006 2008 2010 2012 2014 2016 2018 2020

Source: Board of Governors of the Federal Reserve System (US)
fred.stlouisfed.org

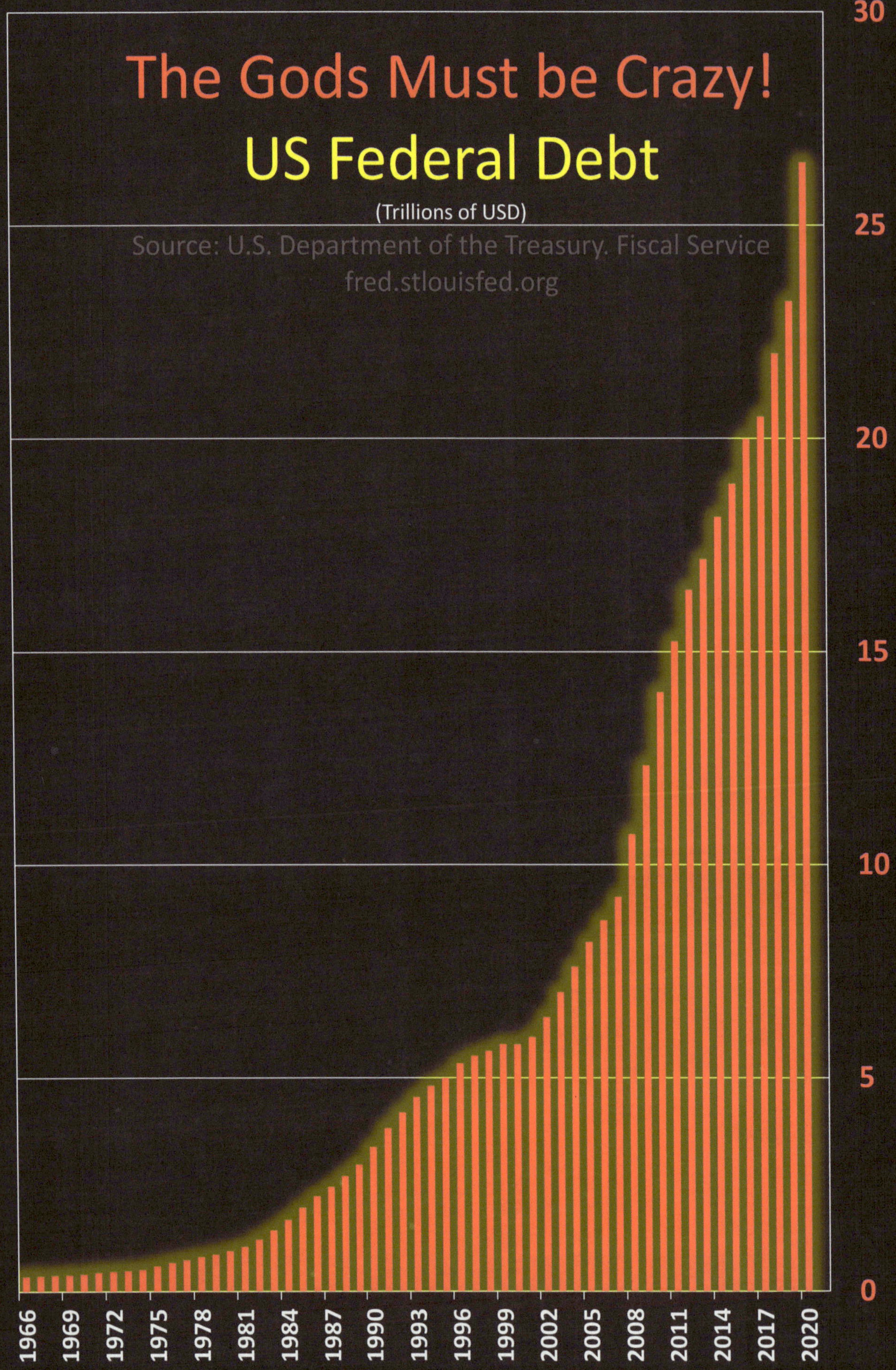

The Gods Must be Crazy!

US Federal Debt

(Trillions of USD)

Source: U.S. Department of the Treasury. Fiscal Service
fred.stlouisfed.org

30
25
20
15
10
5
0

1966 1969 1972 1975 1978 1981 1984 1987 1990 1993 1996 1999 2002 2005 2008 2011 2014 2017 2020

הכוכב של הרייך הרביעי

לסיכום, המצב של ארגונים רבים דומה לקבוצה של זומבים של פרנקנשטיין מתקופת מלחמת העולם השנייה, שאינם מתפקדים, ומנוהלים מנקודת מבט מלמעלה כלפי מטה על ידי חבורת אנשים היושבים במגדל השן המערבי. ככל שהעולם התפתח, כיום, רוב הצמיחה בשוק מתרחשת במקום בו חיים 96% מתוך 7.8 מיליארד אנשים. החכמים ממגדל השן טעו בכך שהסתכלו רק על ראש הפירמידה. אנחנו צריכים להנדס את העסקים מחדש מנקודת מבט מלמטה למעלה.

במהלך שנות ה- 90, ג'ורג' סורוס מוטט את בנק אנגליה ב [43]3.3 מיליארד ליש"ט וגרם למשבר הפיננסי באסיה עם חלק קטן בלבד מהונו. לדברי אוקספם, אפל לבדה מחזיקה ביותר מ- 200 מיליארד דולר בקרנות בחו"ל, בעוד יתרת המט"ח של בריטניה היא פחות מ- 180 מיליארד דולר[44]. ארה"ב מחזיקה בפחות מ- 130 מיליארד דולה, בעוד סין יושבת על מלכודת דבש עם יותר מ- 3,000 מיליארד דולה. כפי שניתן לראות מהגרף, מאזן הבנק הפדרלי בארה"ב כמעט הוכפל תוך פחות משלושה חודשים על ידי הוספת חוב של שלושה טריליון דולה.

במוקדם או במאוחר, הבעיות והחוליים ירדפו אותנו. כמה דולרים מושחתים נוספים בחוב של 25 טריליון דולר בארה"ב (הכולל את האחזקות הסיניות, הרוסיות והסעודיות) דרושים על מנת לשבור את ארגון הקפיטליזם המערבי?

אם לא נתכנן את העידן הדיגיטלי של המאה ה- 22, "תיבת נוח החדשה של הארגונים הנורמליים", בקרוב נעבוד כעבדים עבור *האיש במצודה הגבוהה, המזכיר את הארגון האמריקאי*[45] בסרט התיעודי של נטפליקס[46]. נגיף הקורונה עשוי להפוך לסוס הטרויאני של הרייך הרביעי.

המצב הנוכחי של הארגונים

"כעס עשוי עם הזמן להתחלף בשמחה; תסכול יכול להתחלף בשביעות רצון. אולם, ממלכה שנהרסה בעבר לעולם לא תוכל לשוב להתקיים; וגם המתים אינם יכולים לקום לתחייה. לפיכך השליט הנאור הוא מתחשב, והגנרל הטוב זהיר מאוד. זו הדרך לשמור על מדינה בשלום וצבא שלם".

אמנות המלחמה של סון צו (476-221 לפנה"ס)

לסיכום, המצב הנוכחי של הארגונים הוא כשל עדר מתים מהלכים מתקופת מלחמת העולם השנייה, שאינם מתפקדים כהלכה. הם מנוהלים על ידי כנופיה של ילדים טובים ממגדל שן מערבי מלמעלה למטה. למרבה הצער, העולם המשיך הלאה, והיום, כאמור, רוב הצמיחה בשוק היא במקום שבו חיים 96% מתוך 7.8 מיליארדי האנשים בעולם. יש לנו נתח מינימלי והבנה מועטה של המצב, אשר סין מנצלת באמצעות דריסת רגל כלכלית ודיגיטלית. אנחנו צריכים לתכנן מחדש את הארגונים מנקודת מבט מלמטה כלפי מעלה. המנהיגים היקרים מאולמות ה-IVY טעו בכך שהסתכלו רק על ראש הפירמידה. כדוגמה (בהתבסס על הניסיון שלי):

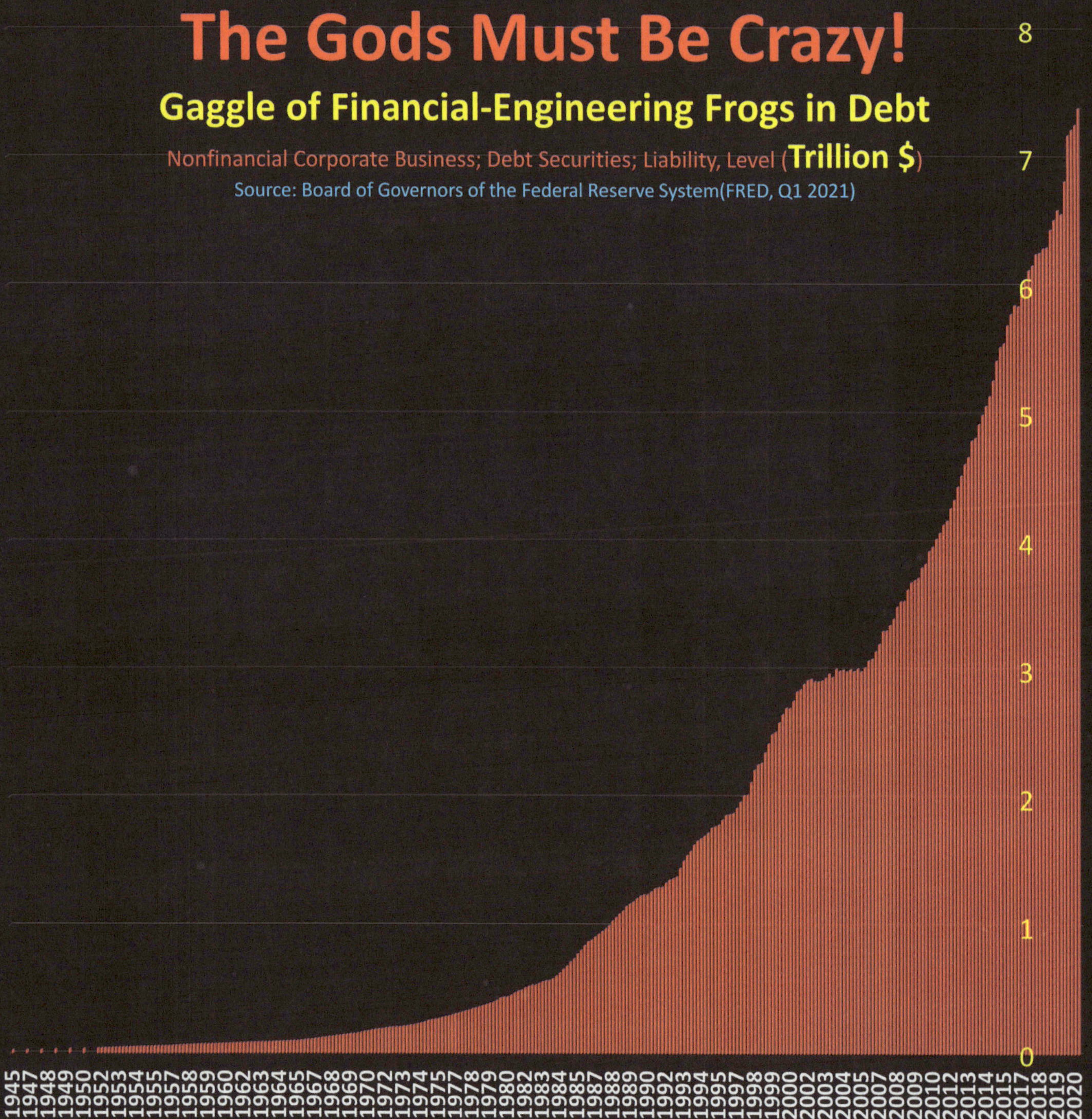

The Gods Must Be Crazy!

Gaggle of Financial-Engineering Frogs in Debt

Nonfinancial Corporate Business; Debt Securities; Liability, Level (**Trillion $**)

Source: Board of Governors of the Federal Reserve System(FRED, Q1 2021)

8 7 6 5 4 3 2 1 0

1945 1947 1948 1949 1950 1952 1953 1954 1955 1957 1958 1959 1960 1962 1963 1964 1965 1967 1968 1969 1970 1972 1973 1974 1975 1977 1978 1979 1980 1982 1983 1984 1985 1987 1988 1989 1990 1992 1993 1994 1995 1997 1998 1999 2000 2002 2003 2004 2005 2007 2008 2009 2010 2012 2013 2014 2015 2017 2018 2019 2020

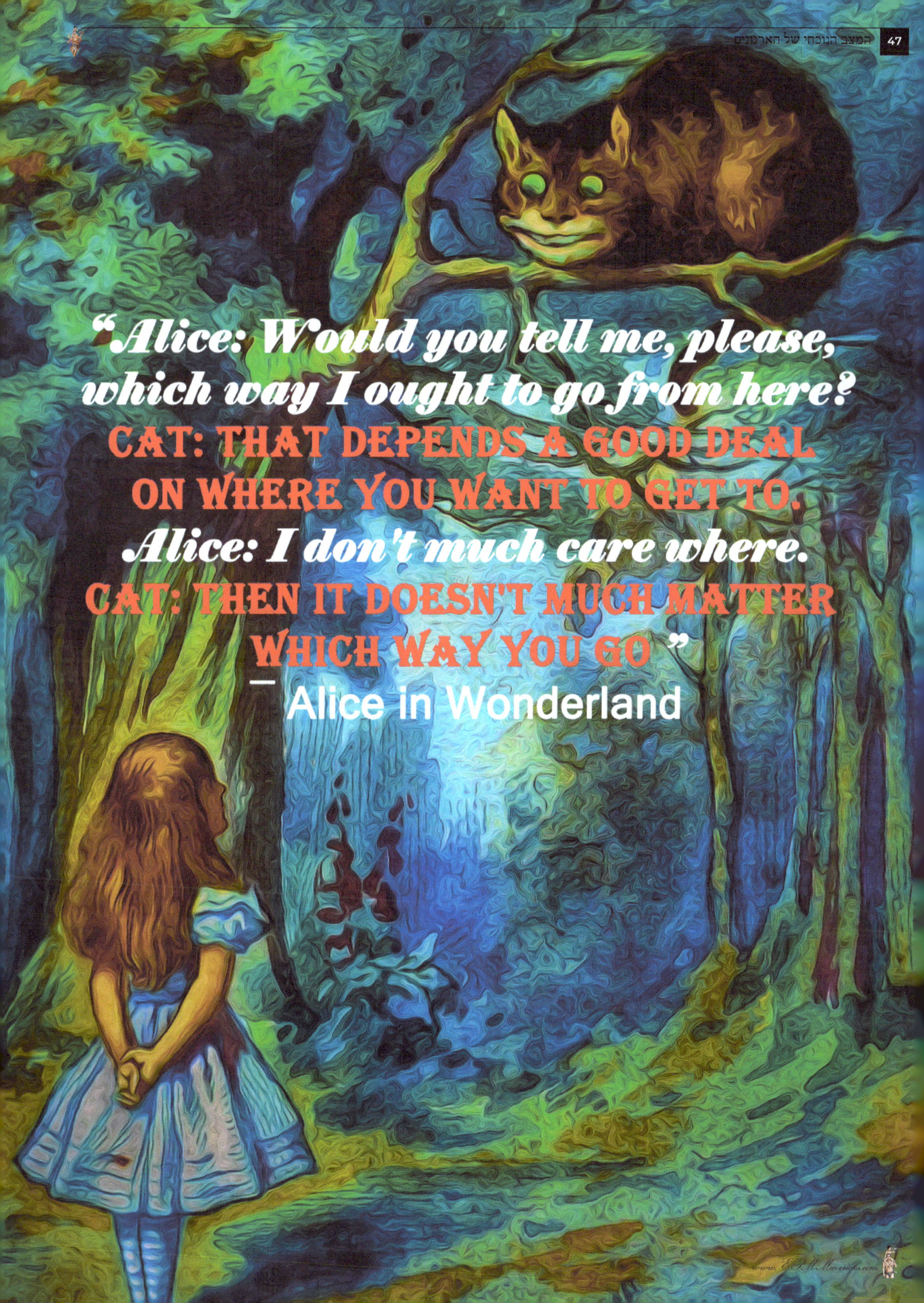
"Alice: Would you tell me, please,
which way I ought to go from here?
CAT: THAT DEPENDS A GOOD DEAL
ON WHERE YOU WANT TO GET TO.
Alice: I don't much care where.
CAT: THEN IT DOESN'T MUCH MATTER
WHICH WAY YOU GO"
― Alice in Wonderland

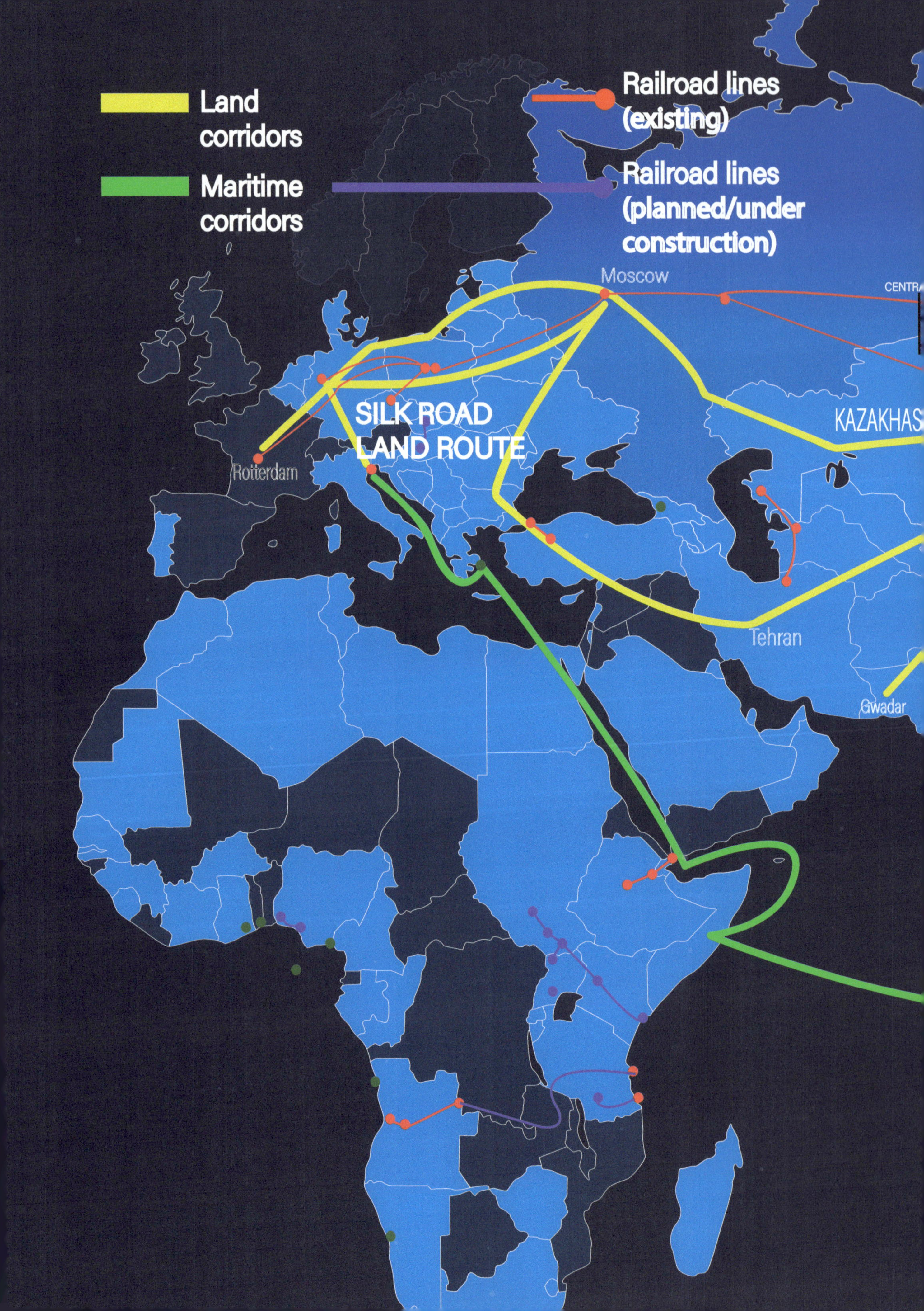
Land corridors
Maritime corridors
Railroad lines (existing)
Railroad lines (planned/under construction)
Moscow
SILK ROAD LAND ROUTE
Rotterdam
Tehran
Gwadar

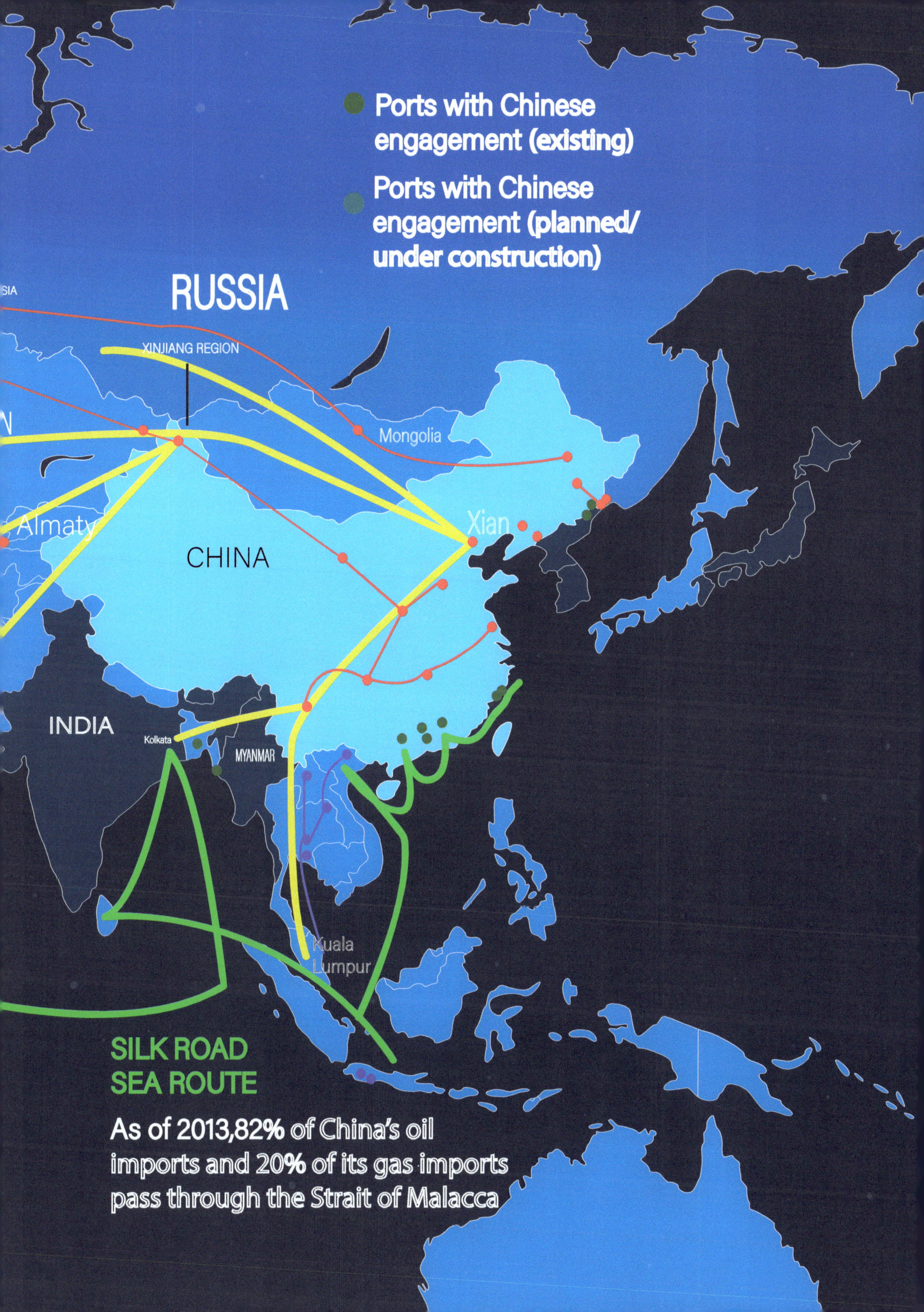

Ports with Chinese engagement (existing)
Ports with Chinese engagement (planned/ under construction)
RUSSIA
XINJIANG REGION
Mongolia
Almaty
Xian
CHINA
INDIA
Kolkata
MYANMAR
Kuala Lumpur
SILK ROAD SEA ROUTE
As of 2013,82% of China's oil imports and 20% of its gas imports pass through the Strait of Malacca

* אלה הנקראים לכאורה "אנשי מכירות שמן נחש" (אנשי מכירות שמוכרים דברים חסרי ערך) בונים מעל ל- 75% מהארכיטקטורות הארגוניות הטיפוסיות היום; רובם בעיקר חבורת צפרדעים בבאר, שהתכנונים שלהם יחסכו סכומים קטנים בהווה שבעתיד יעלו לנו בהון רב. הם מושחתים עם אגו פוליטי בפיננסים/עסקים, IT, שותפי יישום, ספקים במקלטי מס, חברות ייעוץ מהביג 4 ...
* ככל שההון גדול יותר (גודל החברה), כך הארגון פחות נחשק
* מעל ל- 75% מהיישומים הארגוניים הטיפוסיים נדפקים.
* מעל ל- 75% מהארגונים ששורדים הם זומבים שאינם מתפקדים, שנוצרו משינויים מבניים שונים, ניהול שרשרת אספקה יעילה מבחינה מיסויית, טרנספורמציות, פיטורים, מיקור חוץ, ושיטות הנדסה פיננסית מוגזמות אחרות.
* התצורה של 75% מהארגונים טיפוסית לעידן טרום האינטרנט (WWW). במילים אחרות, תצורה זו אינה תואמת את העידן הדיגיטלי. טכנולוגיית מידע (IT), חשבונאות מסורתית ורוב הפונקציות העסקיות (במיוחד אלה החוזרות על עצמן) נמצאים על סף אוטומציה על ידי בוטים של בינה מלאכותית בענן. מערכות מידע/עסקים יתפתחו מניתוחים של חיזוי עסקאות/פעולות על ידי אינטליגנציה מלאכותית (AI) (אוטומציה רובוטית בענן).

סין מוציאה טריליוני דולרים על מנת לתמוך בארגונים הממשלתיים שלה וכבר עכשיו עקפה באופן ניכר את היעדים שהציבה בשנת 2015 המפלגה הקומוניסטית לשנת 2025. הם כבר חיסלו ללא רחמים את מתחריהם המערביים בתחום המוצרים והשירותים בעלי ערך גבוה יותר כגון 5G, תשתית טכנולוגית, תעופה וחלל ומוליכים למחצה. הם השיגו עצמאות מספקים זרים עבור מוצרים ושירותים כאלה.

תצורת טרום עידן האינטרנט של הארגון המערבי מנוצלת לרעה ומיושנת. היא איבדה את עמידותה ואינה יכולה להתחרות עם ארגונים מהמזרח. כיום, אנו מתמודדים עם אתגרים אלה בגלל המערכת המושחתת הקיימת בוושינגטון הבירה, ההון הפרטי של גורדון גקו ואלה הפושטים על תאגידים (חלקם ממומנים על ידי סינים), אלגוריתמים בוול סטריט המונעים על ידי טוויטר, והמניפולציה הפיננסית המוגזמת הנובעת מכך.

המנהיגים שלנו התנתקו מהמציאות. ממרומי המקדשים שלהם של קפיטליזם מבוים, הם רוקחים תוכניות פיננסיות. שוק המניות זינק ביותר מ- 250% בעשר השנים האחרונות ללא שום צמיחה יצרנית שתגבה זאת, וההנדסה הפיננסית ניצלה לרעה את המאזנים המצוינים. הם טלטלו את יסודות הקפיטליזם.

"בתרחיש של האטה כלכלית מהותית, שהיא חמורה אפילו רק במחצית מהמשבר הפיננסי העולמי, החוב התאגידי בסיכון (חובות שהחברות אינן מסוגלות לכסות את הוצאות הריבית שלהם מרווחיהן) עשוי לעמוד על 19 טריליון דולר - או כמעט 40% מסך החוב התאגידי בכלכלות הגדולות - מעל הרמות שהיו בעת המשבר".

דוח היציבות הפיננסית העולמית, קרן המטבע הבינלאומית (2019)[48]

רבים מהארגונים הגדולים היום הם ברובם מתים מהלכים שנוצרו משינויים מבניים שונים, ניהול שרשרת אספקה יעילה מבחינה מיסויית, טרנספורמציות, פיטורים, מיקור חוץ ושיטות הנדסה פיננסית מוגזמות אחרות. מרבית הארגונים האלה יפקידו את גורלם בידי הסינים שעטים כמו נשרים על הקניין הרוחני (IP) כמו בתרשים שלהלן:

"אנחנו חייבים להבין שחברות סיניות, בין היתר בתמיכת כספי מדינה, מנסות יותר ויותר לרכוש חברות אירופאיות המוצעות במחיר זול או כאלה שנקלעו לקשיים כלכליים בגלל משבר הקורונה... סין תהיה המתחרה הגדולה ביותר שלנו בעתיד, במונחים כלכליים, חברתיים ופוליטיים...

אני רואה בסין מתחרה אסטרטגית לאירופה, המייצגת מודל סמכותי של החברה, שרוצה להרחיב את כוחה ולהחליף את ארצות הברית כמעצמה מובילה...

האיחוד האירופי, אם כן, צריך להגיב בצורה מתואמת ולשים קץ ל"סבב הקניות הסיני".

מנפרד ובר

(ראש קבוצת EPP בפרלמנט האיחוד האירופי (חדשות NPR 17-5-20))

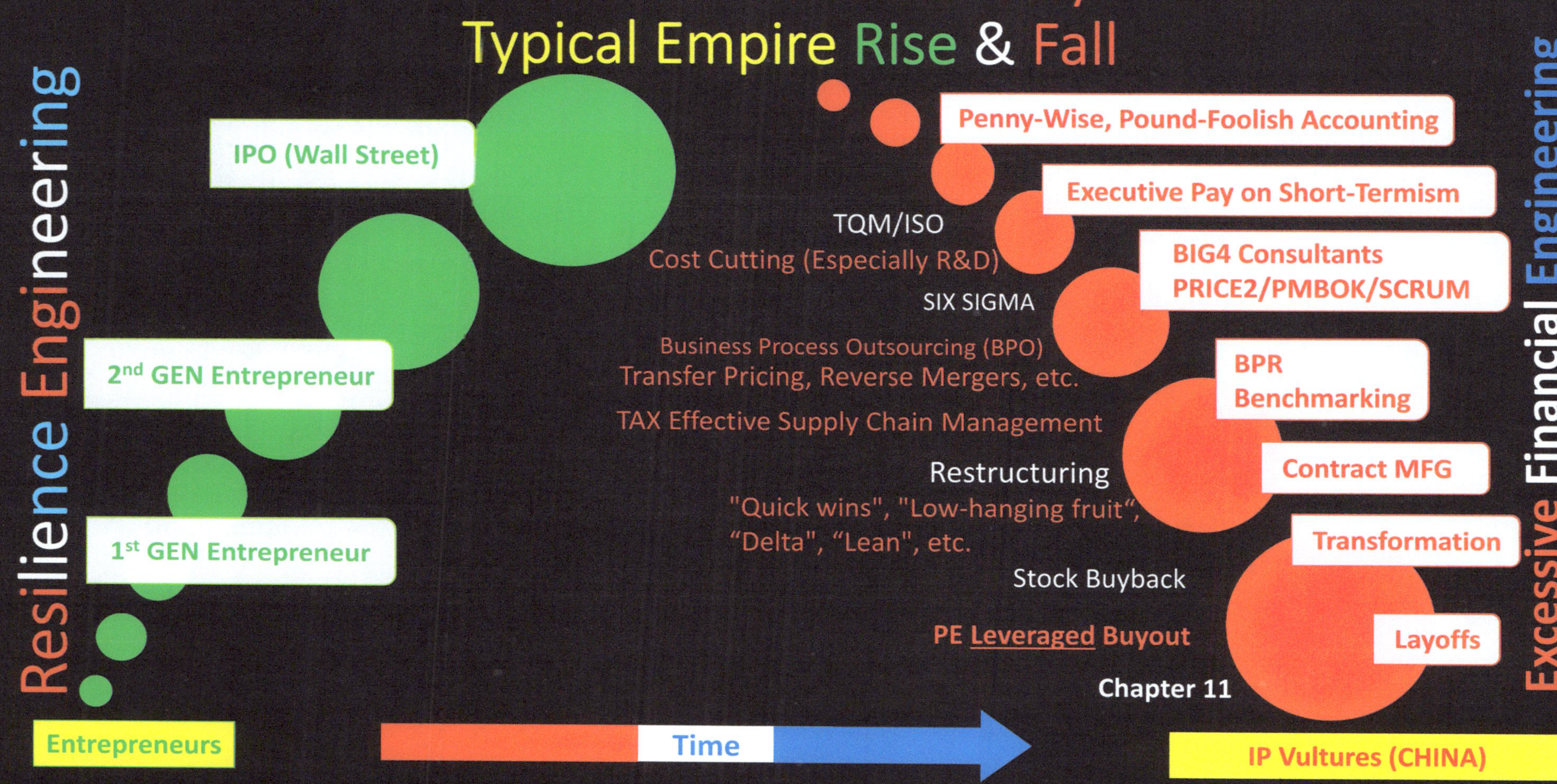
The Gods Must be Crazy!
Typical Empire Rise & Fall
Resilience Engineering
IPO (Wall Street)
2nd GEN Entrepreneur
1st GEN Entrepreneur
Entrepreneurs
Time
TQM/ISO
Cost Cutting (Especially R&D)
SIX SIGMA
Business Process Outsourcing (BPO)
Transfer Pricing, Reverse Mergers, etc.
TAX Effective Supply Chain Management
Restructuring
"Quick wins", "Low-hanging fruit",
"Delta", "Lean", etc.
Stock Buyback
PE Leveraged Buyout
Chapter 11
Penny-Wise, Pound-Foolish Accounting
Executive Pay on Short-Termism
BIG4 Consultants
PRICE2/PMBOK/SCRUM
BPR
Benchmarking
Contract MFG
Transformation
Layoffs
IP Vultures (CHINA)
Excessive Financial Engineering

Ay Yi Yai Yi! We are in the middle of The New World Order!

האלים חייבים להיות משוגעים![49]

– המסע שלי מארץ הקומוניסטים אל התגלמות הקפיטליזם

"הכרת האויב מאפשרת לך לנצח את המתקפה, הכרת עצמך מא־פשרת לך לעמוד במגננה." הוא מוסיף: "התקפה היא סוד ההגנה; הגנה היא תכנון של התקפה."

אמנות המלחמה של סון צו (476-221 לפנה"ס)

תן לי להתוודות. אני קאובוי קפיטליסטי בזבזן, בן להורים סוציאליסטים ממדינת האלוהים, קראלה שבהודו. הודות לבתי ספר קתוליים, המנוהלים על ידי המיסיונרים שהובאו על ידי המתיישבים האירופאים שלנו, הקומו־ניסטים נבחרו באופן דמוקרטי במשך יותר מחצי מאה בקראלה, ואנשים סגדו למרקס, לנין, סטלין וצ'ה גווארה באותו אופן כמו אל האלים שלנו. למרות שאנחנו שייכים למעמד הביניים, ההורים שלי, שהיו שניהם מורים, לא יכלו להרשות לעצמם לצאת לחופשות בימים ההם, לכן ביליתי את רוב חופשות בית הספר בספריית המכללה של אבא בקריאת ספרי מסע מערביים.

לא הייתה לנו טלוויזיה בבית, והסרט היחיד שהם לקחו אותי לראות בקולנוע היה גנדי. למרבה האירוניה, בסופו של דבר מצאתי את עצמי עובד בתחום EPM (ניהול ביצועי ארגונים) בחברה המובילה בתעשיית השעשועים בעולם, תיאטראות AMC, בבעלותו של האיש העשיר ביותר בסין. כתוצאה מהעזיבה שלי, או אולי כפעולת נקמה על שני העשורים האחרונים, בזבזתי את הכסף שאשתי החרוצה הרוויחה בכך שרדפתי אחרי ציפורים ונופפתי במצלמה שלי ביותר מ- 20 מדבריות ברחבי העולם. הודות *לתוכנית המנהיגות למנהלים GIFT*[50] הסינית (https://global-inst.com/learn) בשדות ההרג של קמבודיה[51], מצאתי נחמה בטרקים בג'ונגלים של צ'יאנגמאי - צ'יאנגריי, לאוס ומיאנמר בחיפוש אחר יין נחשים. בעודי לוגם את יין הנחש[52], אני תוהה, איך זה שהמדינות עתירות המשאבים האלה כל כך מרוששות? (על פי מחקרו של הרננדו דה סוטו, עושרן של מדינות אלה הוא רב יותר משווים יחד של 12 שוקי המניות העיקריים במערב). אולם, מדינות אלה נשלטות כלכלית על ידי סין ומתחננות לארגוני צדקה מערביים שמנסים לנקות את מצפונם.

בעידן "הנורמלי החדש", שבו העולם מאבד אמון במכבש הדפסת מטבע ממשלתי ללא פיקוח ומדיניות ההקלה הכמותית (QE)[53], למרבה האירוניה, מתכת צהובה חסרת תועלת (זהב) הופכת שוב לסטנדרט *הזהב* לעושר המדינות והעשירים המטונפים. במשך יותר ממאה שנים, ארה"ב שאבה את רוב עתודת הזהב המוצהרת בעולם, כ-8,000 טון רבוע. האירופאים מחזיקים עוד 10,000 טון. תאמינו או לא, לפי מועצת הזהב העולמית (WGC), הנשים ההודיות העניות מסתירות באופן בלתי חוקי יותר מ- 25,000 טונות של אותה מתכת צהובה חסרת תו־עלת מתחת למזרנים שלהן (כלכלה תת קרקעית). בחיפוש אחר תשובות *לתעלומת ההון*, הפכתי למעריץ של הרננדו דה סוטו וספרו *תעלומת ההון: מדוע הקפיטליזם מנצח במערב ונכשל בכל מקום אחר.*

הרשו לי לחלוק כמה מהחוויות האישיות שלי על תעלומה זו. לקח להורים שלי כמעט שלושה עשורים לבנות את הבית שלהם אחרי שחסכו הון עצמי בשווי 97% מעלות הבנייה. לקח להם עוד עשור להחזיר את 3% הנותרים בריבית של 30% ממלווים בריבית. בהיותי קאובוי קפיטליסט בזבזן, בקושי חסכתי כסף עד כה. למען האמת, לא הייתה לי אמונה בחתיכת הנייר חסרת המשמעות שאומרת, *באלוהים אנחנו בוטחים.*

"שעת הניצחון הגדולה ביותר של הקפיטליזם היא שעת המשבר שלו".

הרנגדו דה סוטו

(תעלומת ההון: מדוע הקפיטליזם מנצח במערב ונכשל בכל מקום אחר)

בזמן שכולם התעצמו במהלך הצונאמי הכלכלי של 2008, אני עצמי הפכתי לגורדון גקו מובהק שממנף את הק־פיטליזם. הצלחתי לרכוש שני נכסים אייקוניים בצפון אמריקה (בשווי של יותר ממיליון דולר), ברצף מהיר (תוך שנתיים). לקחתי משכנתא של 97%, ותוך כמה חודשים, מיחזרתי אותה ופדיתי יותר מ- 1,000% מהמקדמה עבור הלוואה מתוקה ל- 30 שנים בריבית של כ- 3%.

בניגוד למקובל, ביצעתי גם הימורים על שווקים בינלאומיים ועל מטבעות, שהשתלמו באופן אק־ספוננציאלי וביקרתי מספר פעמים בסין (בנוסף *לתוכנית המנהיגות למנהלים GIFT* הסינית שלי (https://global-inst.com/learn), הייתי גם אחראי על PMI סין כמנטור אזורי של PMI אסיה). ניצלתי את שוק ההנדסה הפיננסית האקסטרימי והנפיץ והתגלגלתי לקריירה של EPM (ניהול ביצועי ארגונים) מתוך הצונאמי הכלכלי של 2008, ולסוף הגעתי לעולם ה- BIG4. ככל שהסתכלתי יותר על עולם הפיננסים במערב, כך התפכחתי יותר.

הטרמיטים של ההנדסה הפיננסית שורצים בתשתית הקפיטליסטית המערבית שנבנתה על ידי רוזוולט. עכשיו, היא מתמוטטת כמו בית קלפים. המשטר הסמכותי הקומוניסטי (EAST) משתלט כלכלית על העולם באמצעות דיפ־לומטיה של מלכודת חובות. אחרי שני עשורים, נראה שאצטרך לחזור לדרכו של מקס הזועם ולטפס דרך הריסות מורשתו הקפיטליסטית של רוזוולט.

Ay Yi Yai Yi! We are in the middle of The New World Order!

הסדר העולמי החדש

כל סוג לוחמה מבוסס על הונאה. לפיכך, כאשר אנו מסוגלים לתקוף, עלינו להיראות לא מסוגלים; בעת שימוש בכוחותינו, עלינו להיראות לא פעילים; כאשר אנו קרובים, עלינו לגרום לאויב להאמין שאנחנו רחוקים; כאשר אנחנו רחוקים, אנחנו חייבים לגרום לו להאמין שאנחנו קרובים.

אמנות המלחמה של סון צו (476-221 לפנה"ס)

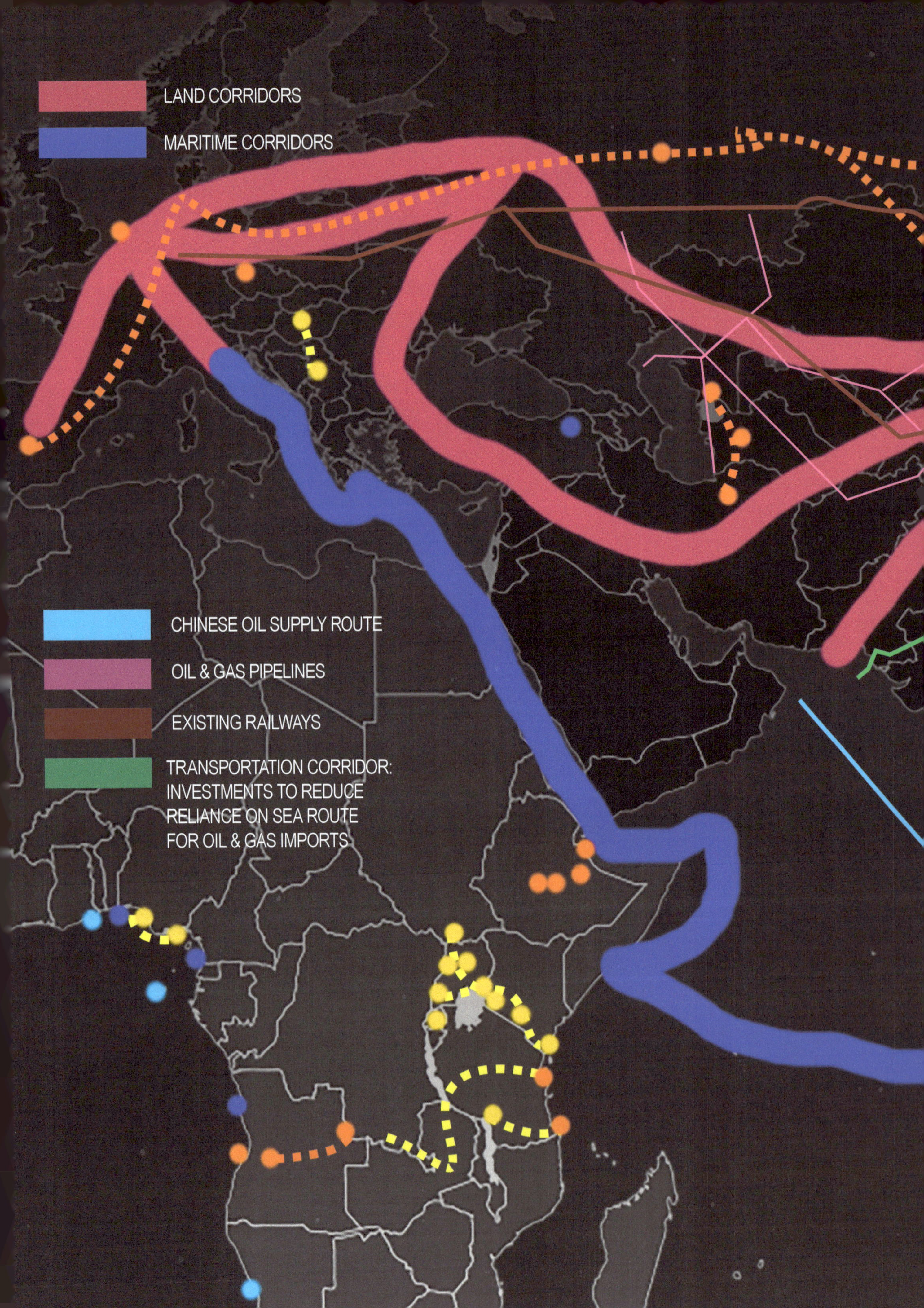
LAND CORRIDORS
MARITIME CORRIDORS
CHINESE OIL SUPPLY ROUTE
OIL & GAS PIPELINES
EXISTING RAILWAYS
TRANSPORTATION CORRIDOR:
INVESTMENTS TO REDUCE
RELIANCE ON SEA ROUTE
FOR OIL & GAS IMPORTS

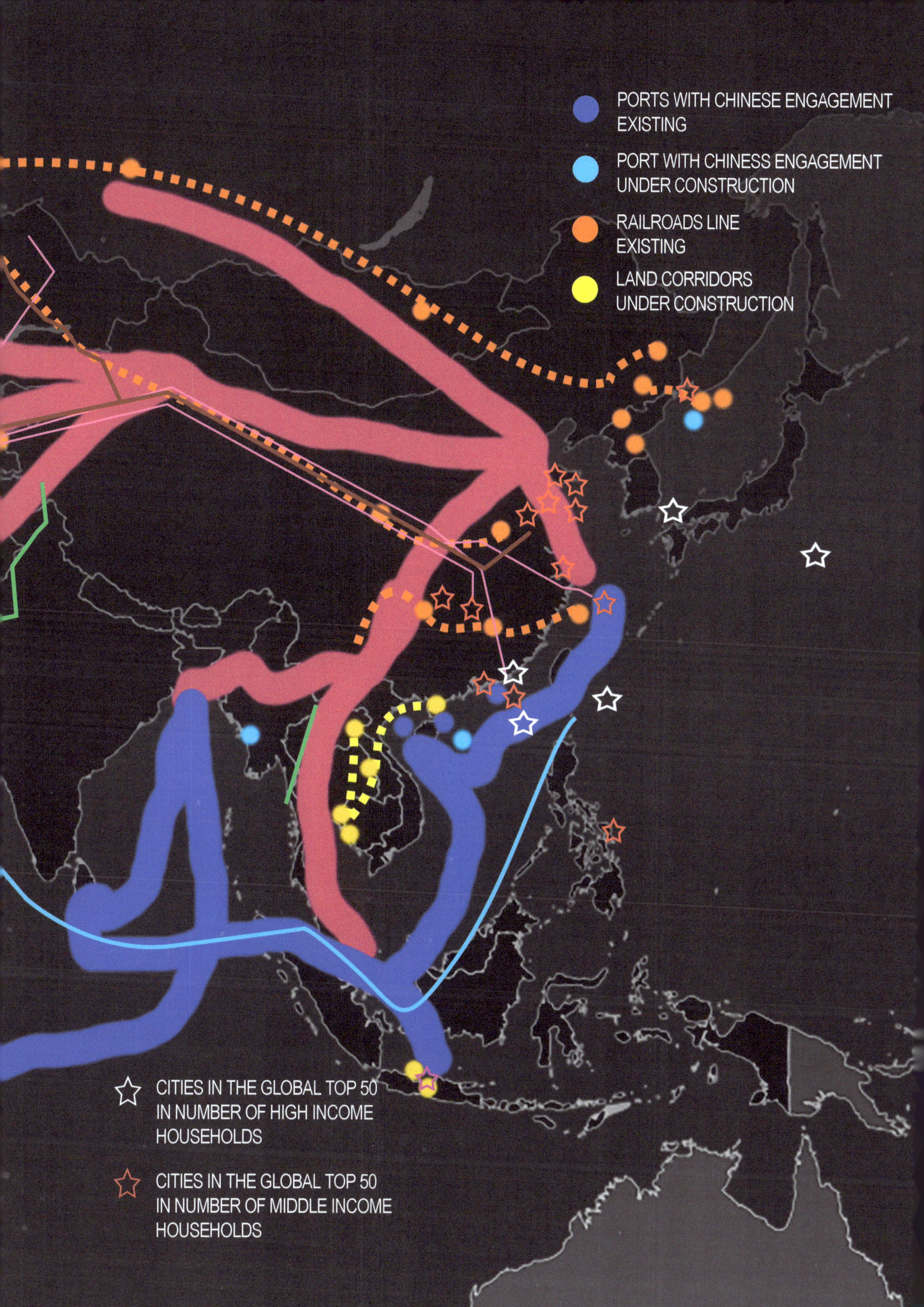

PORTS WITH CHINESE ENGAGEMENT EXISTING
PORT WITH CHINESS ENGAGEMENT UNDER CONSTRUCTION
RAILROADS LINE EXISTING
LAND CORRIDORS UNDER CONSTRUCTION
CITIES IN THE GLOBAL TOP 50 IN NUMBER OF HIGH INCOME HOUSEHOLDS
CITIES IN THE GLOBAL TOP 50 IN NUMBER OF MIDDLE INCOME HOUSEHOLDS

בזמן שהתבטלתי בגלל מגפת הקורונה, הייתה לי הזדמנות לנתח איך אני רואה את עצמי בתוך תמונת הקפיטליזם. הודות לרוזוולט, אנחנו, ארה"ב, הפכנו לאימפריה יוצאת דופן על הגלובוס לפני מאה שנים. למרבה הצער, נראה שהגבינה חזרה עכשיו למקום שממנו באתי (המזרח).

אני יודע לנתח איך ומתי אימפריות קמות ונופלות. לדוגמה, הארגונים הגדולים ביותר עד כה הם חברת הודו המזרחית ההולנדית מהמאה ה- 17 (כ- 10 טריליון דולר) וחברת הודו המזרחית הבריטית מהמאה ה- 18 (כ- 5 טריליון דולר), כל זאת באמצעות הצלפה (קולוניזציה) וגניבת דולרים מאבותיי. ארגונים ואימפריות אלה נמשכו כ- 200 שנים כל אחד.

הסיפור מעורר המחשבה של עלייתם ונפילתם עורר את סקרנותי. האם הסיפורים שלהם משתווים לארגונים של מדינת האימפריות הנוכחית? נראה שהקיסר הרודן הבא מתדפק על דלתנו כדי להשתלט עלינו שוב כלכלית (ודיגיטלית), בדומה למה שקרה לסביי. בעידן שלאחר הקורונה, שבו סין נמצאת במסלול מואץ ביותר, אני חושש שגורלנו ליפול במהירות כמו סכין. עם מבט להיסטוריה הארורה, אני לא יכול שלא לתהות איזה סוג של "נורמלי חדש" עומד לפנינו.

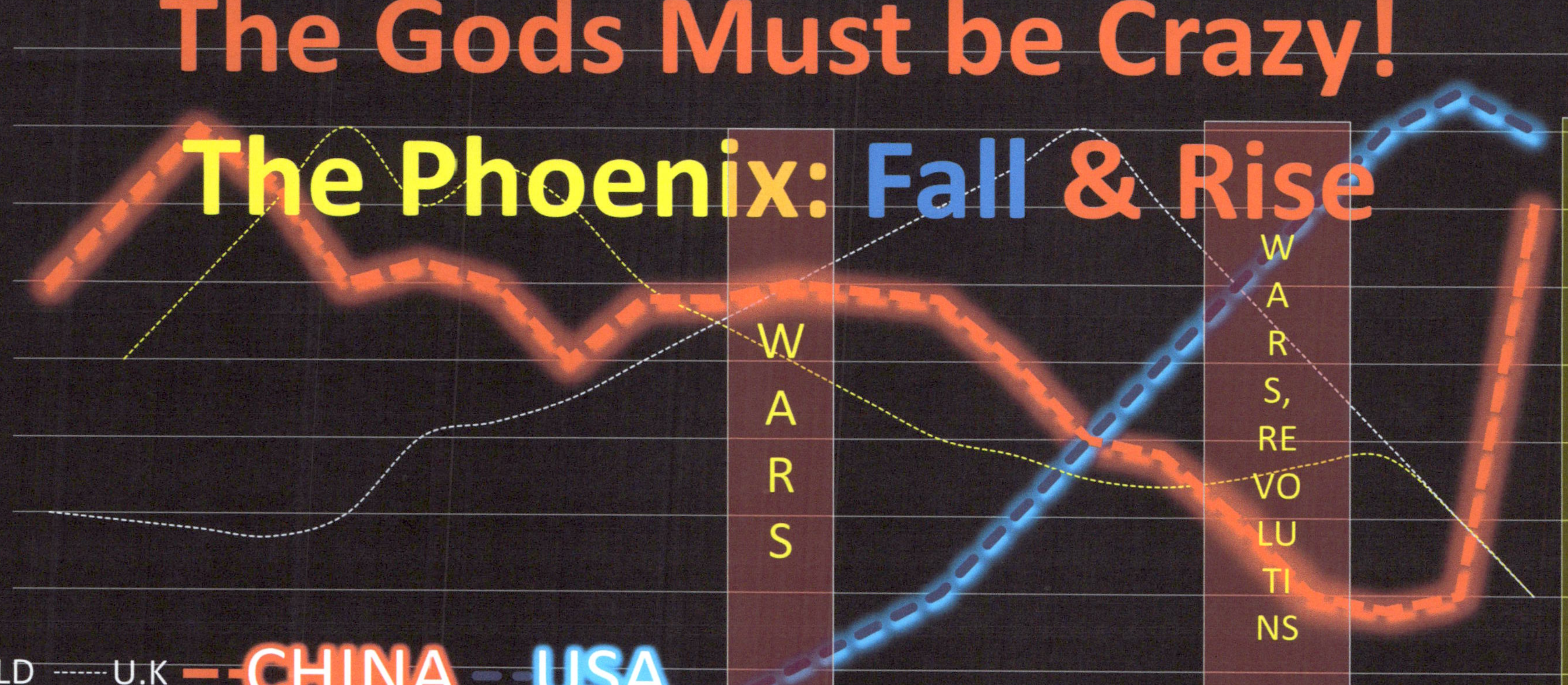
The Gods Must be Crazy!
The Phoenix: Fall & Rise
WARS
WARS, REVOLUTINS
WARS, REVOLUTIONS ?
NLD
U.K
CHINA
USA
1500 1525 1550 1575 1600 1625 1650 1675 1700 1725 1750 1775 1800 1825 1850 1875 1900 1925 1950 1975 2000
YEAR
Adapted Source Data: The Changing World Order by Ray Dalio

Ay Yi Yai Yi! We are in the middle of The New World Order!

Ay Yi Yai Yi! We are in the middle of The New World Order!

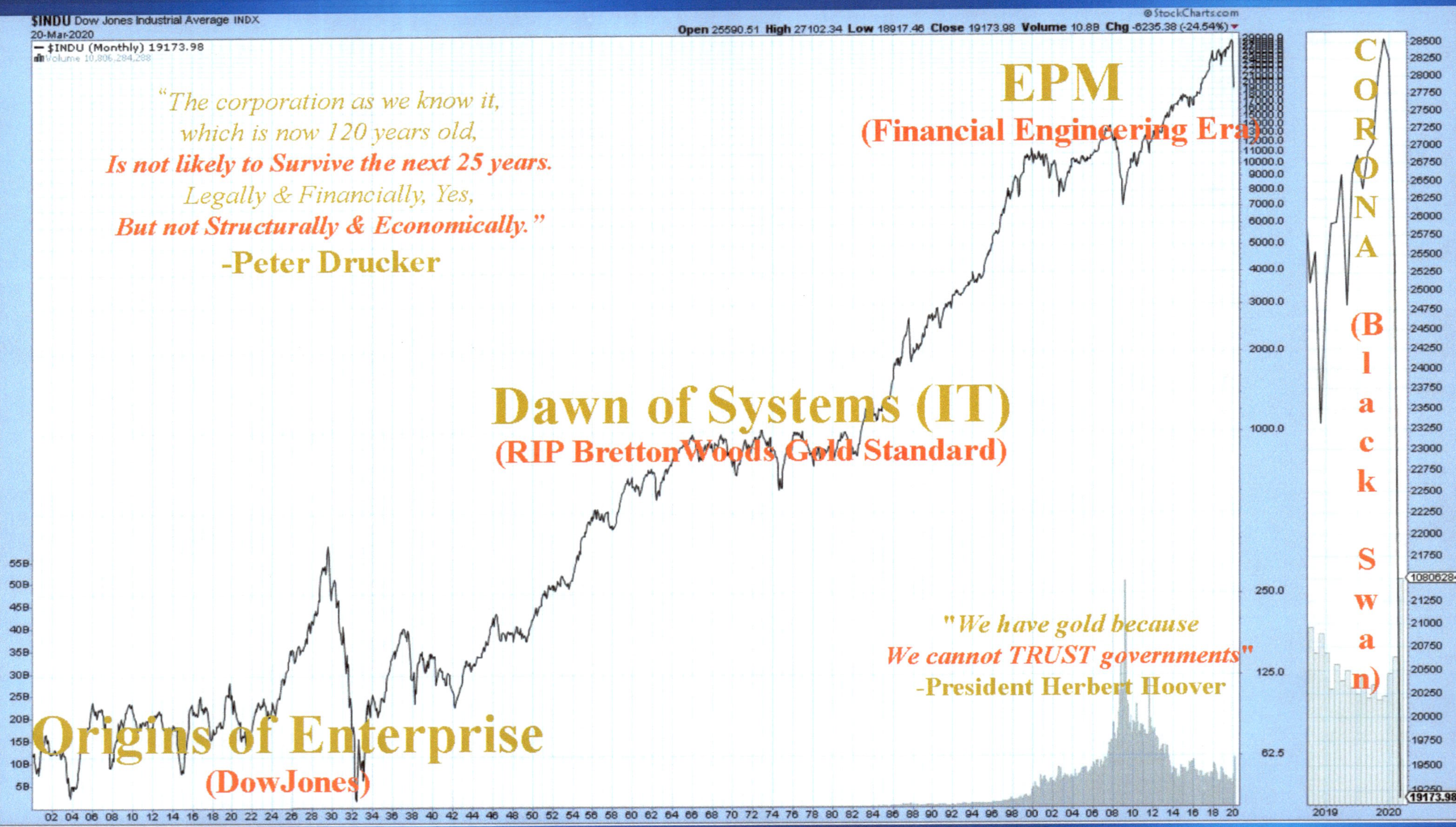
$INDU Dow Jones Industrial Average INDX
20-Mar-2020
Open 25590.51 High 27102.34 Low 18917.46 Close 19173.98 Volume 10.8B Chg -6235.38 (-24.54%)
$INDU (Monthly) 19173.98
"The corporation as we know it,
which is now 120 years old,
Is not likely to Survive the next 25 years.
Legally & Financially, Yes,
But not Structurally & Economically."
-Peter Drucker
EPM
(Financial Engineering Era)
Dawn of Systems (IT)
(RIP BrettonWoods Gold Standard)
Origins of Enterprise
(DowJones)
"We have gold because
We cannot TRUST governments"
-President Herbert Hoover
CORONA
(Black Swan)

הסדר הארגוני החדש

אני אבדוק את ההשערה שלי באמצעות התחזית של גורו הניהול האהוב שלי מלפני שניים וחצי עשורים:

*"סביר שהתאגיד כפי שאנו מכירים אותו כיום, שהינו בן 120 שנה, **לא ישרוד את 25 השנים הבאות**. מבחינה משפטית וכלכלית, כן, **אבל לא מבחינה מבנית וכלכלית.**"*

פיטר דרוקר, סירקה 2000

"כל ממלכה המפולגת בתוכה תגרום לעצמה נזק רב, ושום עיר או בית המחולקים בתוכם לא ישרדו"

אמנות המלחמה של סון צו (476-221 לפנה"ס)

ההשערה שלי, שפיתחתי מאז הצונאמי הכלכלי האחרון, התלויה במדד דאו ג'ונס היא כזו:

עקרונות מרכזיים של ההשערה

הישרדותו של הארגון תלויה בהצלחת המערכות האקולוגיות סביבו. המערכת האקולוגית ללא ספק תלויה באימפריית הסנדקות שמממנת אותה.

אני מאמין שהישרדותה של אימפריית הסנדקות תלויה במדדים מסוימים של כוח, שהם:

1. מנהיגות
2. חינוך STEM (מדע, טכנולוגיה, הנדסה ומתמטיקה)
3. מחקר וטכנולוגיה אסטרטגית
4. ארכיטקטורת תשתיות
5. ארכיטקטורה דיגיטלית
6. ניהול ידע
7. דיפלומטיה
8. תקן עולמי מקובל לגבי מטבעות
9. אלקטרו-דולר
10. הון פיננסי
11. ביטחון
12. אסטרטגיות ותקנות דיגיטליות גדולות

התרשים למטה מתאר את עלייתן ונפילתן של אימפריות הסנדקות בארבע מאות השנים האחרונות:

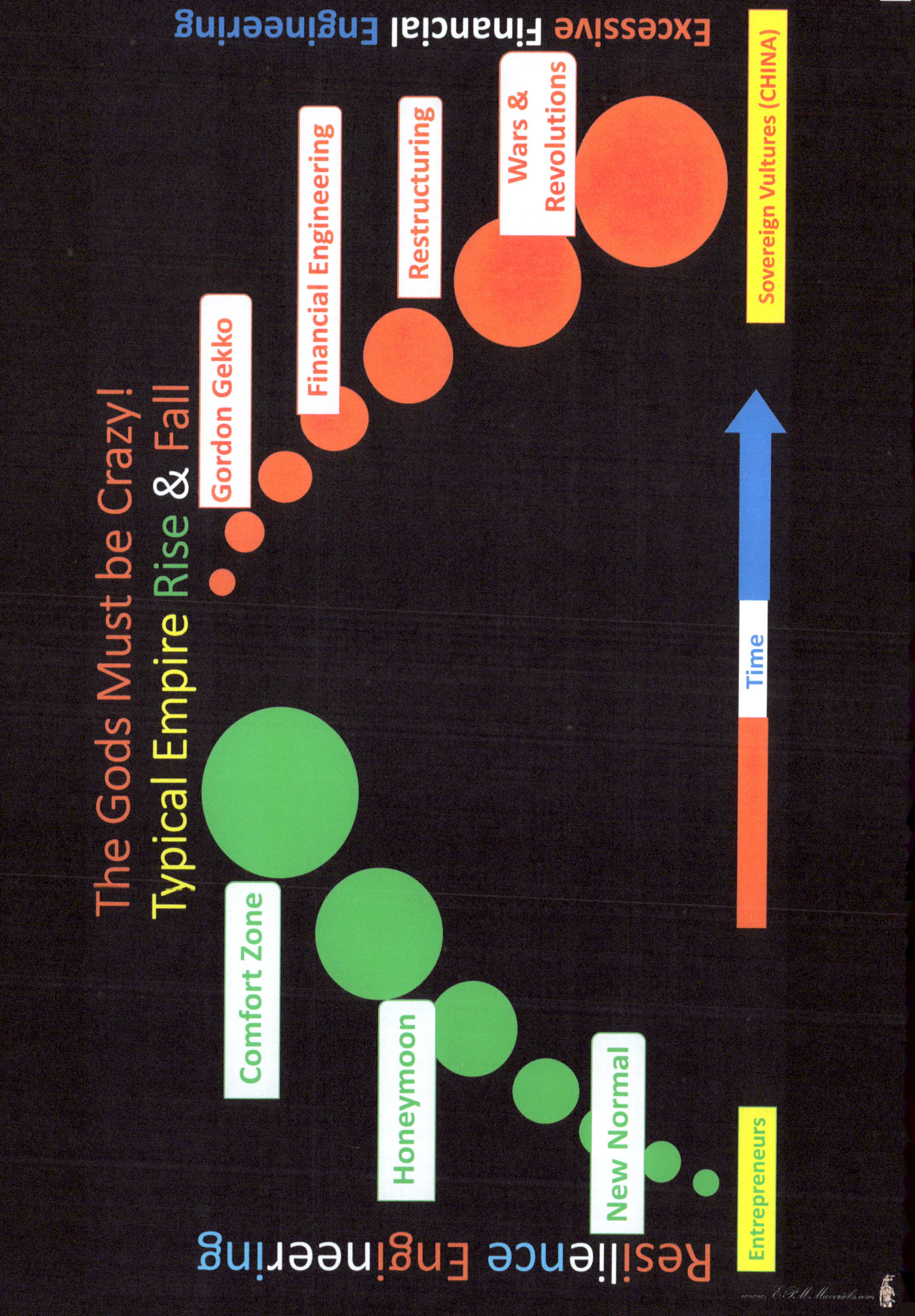

The Gods Must be Crazy!

Typical Empire Rise & Fall

Resilience Engineering

Entrepreneurs

New Normal

Honeymoon

Comfort Zone

Gordon Gekko

Financial Engineering

Restructuring

Wars & Revolutions

Excessive Financial Engineering

Sovereign Vultures (CHINA)

Time

Ay Yi Yai Yi! We are in the middle of The New World Order!
"תן דעתך למוצאך. לא נוצרת כדי לחיות כמו בהמות, אלא כדי לפעול על פי המוסריות והידע."
דנטה אליגיירי

Ay Yi Yai Yi! We are in the middle of The New World Order!

בתחילתה של אימפריה, יש תקופת ירח דבש של הרמוניה שבטית ושגשוג. אבל כאשר האימפריה הזו מגיעה לא־זור הנוחות שלה, בטחונה עולה ואופן התנהלותה משתנה. אט אט היא הופכת להיות חמדנית יותר ויותר. תאוות בצע היא בסיס הקפיטליזם, מה שמוביל רבים להיות גורדון גקו[54] (האייקון לתאוות בצע קיצונית בסרט הקלאסי זוכה האוסקר "וול סטריט") בעידן הקפיטליזם הממונף. ריגוש זה של הבועה הממונפת מוביל לרמות גבוהות יותר ויותר של טסטוסטרון. יום אחד הבועה מתפוצצת, ואנחנו מתחילים לעוות את המציאות (הנדסה פיננסית). עיוות המציאות ייקח אותנו לשינויים טקטוניים משמעותיים יותר, ואז נתחיל "לשחק" בתוצאות הפיננסיות באמצעות הקלה כמותית[55]. לבסוף, כשהצונאמי הכלכלי יגיע, יהיו מלחמות ומהפכות. כל אוכלי הנבלות יתאחדו ויחליטו על הסדר השבטי החדש; זה קורה לנו עכשיו.

למרבה הצער, **זהו זמן המחצית, אמריקה, והמחצית השנייה שלנו עומדת להתחיל!**[56]

אני מאוד מקווה שאם אנחנו במערב נשחק נכון בעזרת הקלפים המנצחים שלנו, **נוכל להצטיין גם במחצית השנייה שלנו.**

"תן דעתך למוצאך. לא נוצרת כדי לחיות כמו בהמות, אלא כדי לפעול על פי המוסריות והידע."

דנטה אליגיירי

יש לנו דרקון אימתני שמנענע את בקבוק השמפניה שלו בשני העשורים האחרונים ומחכה בקוצר לב לחלוץ את הפקק בעידן שלאחר הקורונה. הדרקון הסיני נמצא במסלול מעלה בעוד אנחנו נופלים מהר מטה, מה שרק מגביר את האיום. אני באמת מאמין ש אם נשחק נכון בקלפים שלנו, נוכל לפחות להחליק את עקומת הירידה ולהימנע מהשינויים הקטסטרופליים.

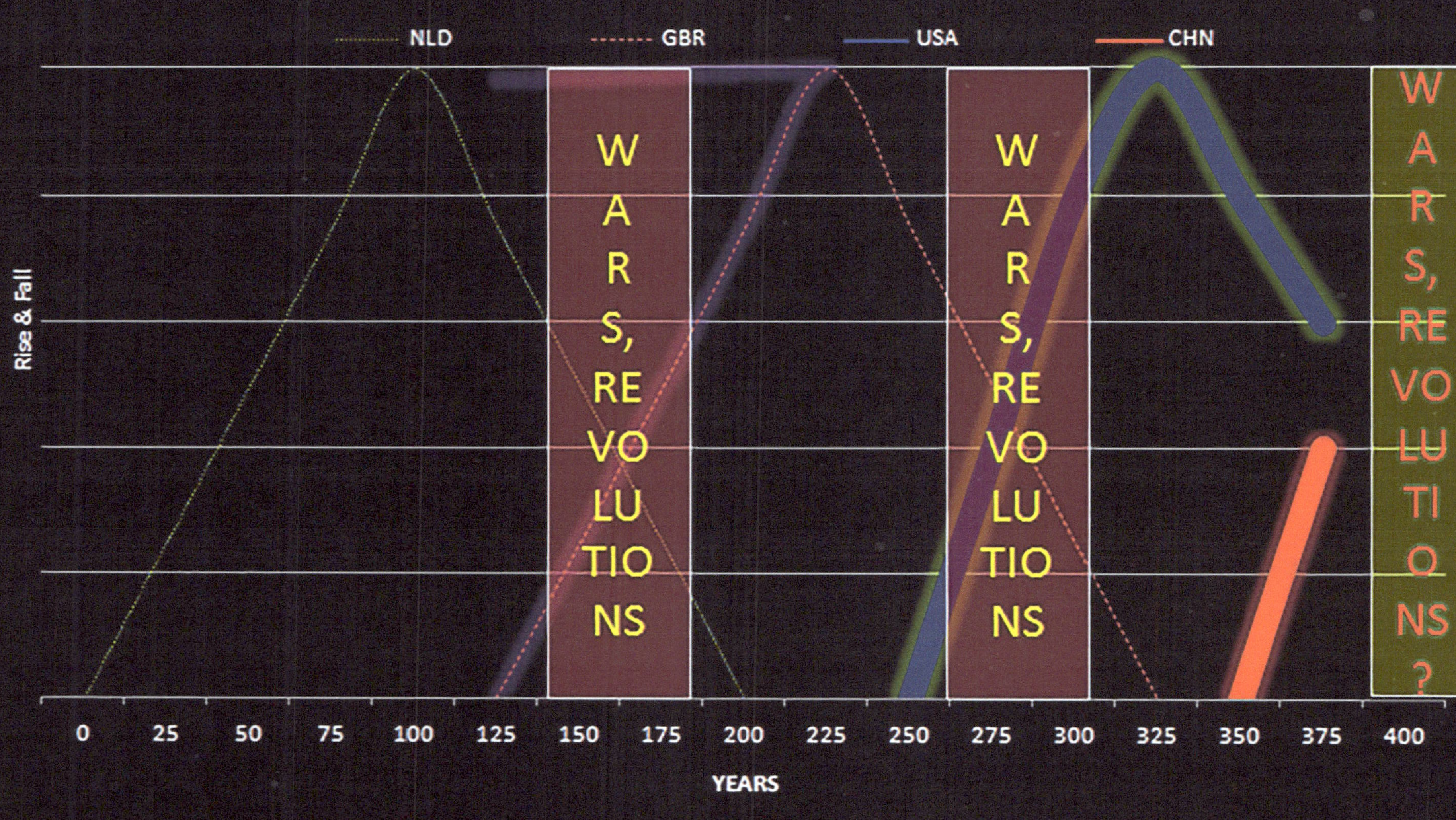
Gods Must be Crazy!
The Rise of the Dragon
Catacomb of Capitalism
NLD
GBR
USA
CHN
Rise & Fall
WARS, REVOLUTIONS
WARS, REVOLUTIONS
WARS, REVOLUTIONS ?
0
25
50
75
100
125
150
175
200
225
250
275
300
325
350
375
400
YEARS
Adapted Source Data: The Changing World Order by Ray Dalio

Ay Yi Yai Yi! We are in the middle of The New World Order!

Ay Yi Yai Yi! We are in the middle of The New World Order!

Si Vis Pacem, Para Bellum
If you want Enterprise peace,
prepare for EPM Architectural war

תחשוב אחרת

(שונה מתמונת המקור: תמונת צבא ארה"ב מס' D-Day (SC 194399 (הפלישה לנורמנדי):
גנרל אייזנהאואר (נשיא ארה"ב (1953-1961), המפקד העליון של כוחות בעלות הברית במערב
אירופה במהלך מלחמת העולם השנייה.)

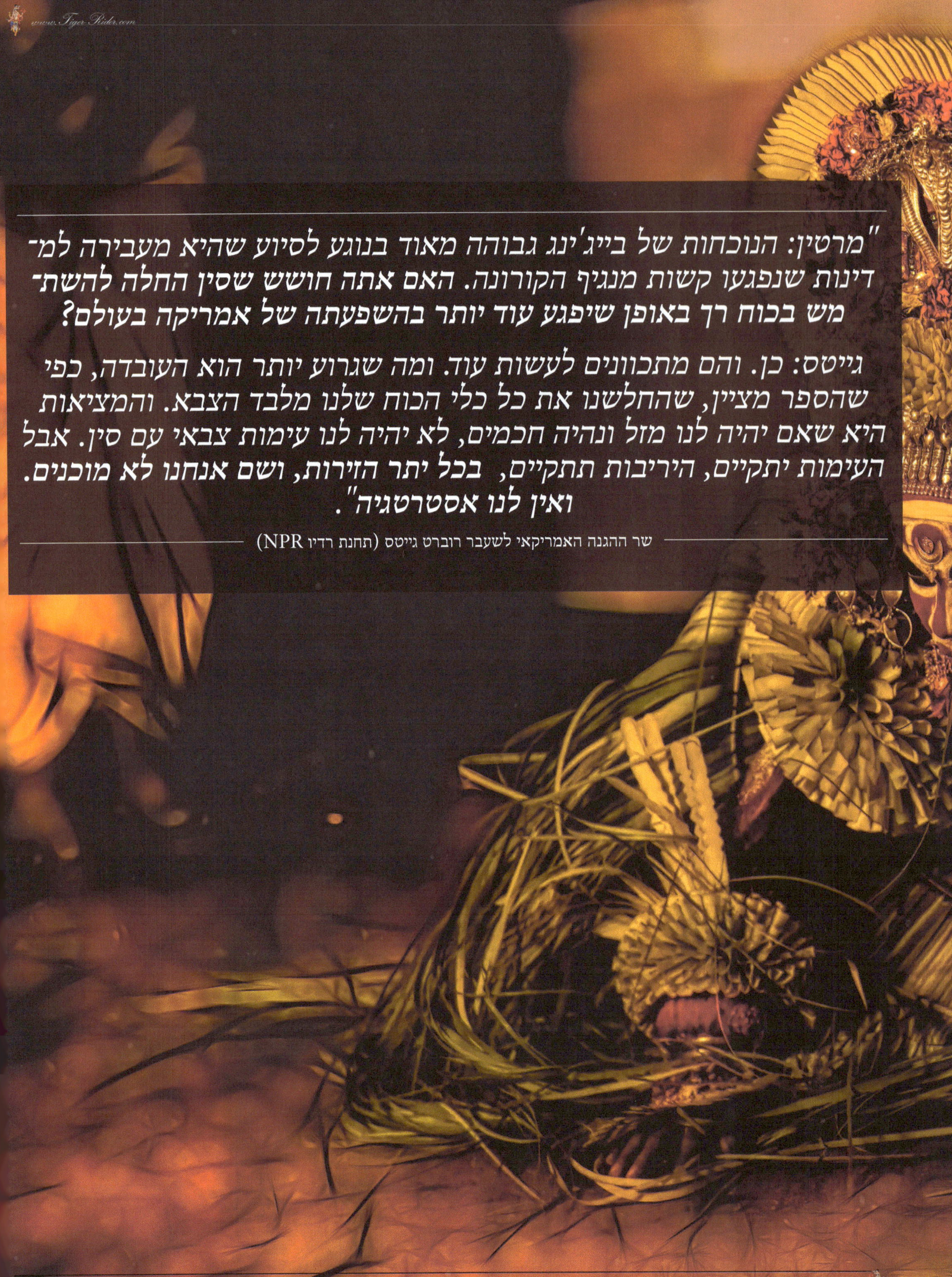

"מרטין: הנוכחות של בייג'ינג גבוהה מאוד בנוגע לסיוע שהיא מעבירה למדינות שנפגעו קשות מנגיף הקורונה. **האם אתה חושש שסין החלה להשתמש בכוח רך באופן שיפגע עוד יותר בהשפעתה של אמריקה בעולם?**

גייטס: כן. והם מתכוונים לעשות עוד. ומה שגרוע יותר הוא העובדה, כפי שהספר מציין, שהחלשנו את כל כלי הכוח שלנו מלבד הצבא. והמציאות היא שאם יהיה לנו מזל ונהיה חכמים, לא יהיה לנו עימות צבאי עם סין. אבל העימות יתקיים, היריבות תתקיים, **בכל יתר הזירות, ושם אנחנו לא מוכנים. ואין לנו אסטרטגיה"**.

שר ההגנה האמריקאי לשעבר רוברט גייטס (תחנת רדיו NPR)

Ay Yi Yai Yi! We are in the middle of The New World Order!

קומפוזיציה של אלינור רוזוולט, פרנקלין דלאנו רוזוולט וטדי רוזוולט (באדיבות, הספרייה הנשיאותית פרנקלין דלאנו רוזוולט ואוסף תיאודור רוזוולט, ספריית הוטון, אוניברסיטת הרווארד)

מי בנה את האימפריה הקפיט־ליסטית של ארה"ב?

בשלב זה, חובה עלינו לבחון את מקורותיה של האימפריה האמריקאית. נשיאי ארה"ב מחזיקים בתפקיד מעורר הכבוד ביותר בעולם וזוכים למקום ייחודי במוקד האירועים הלאומיים והעולמיים. ניתחתי את כל הנשיאים שלנו מאז 1900 כדי לגלות את מקורות האימפריה שלנו. מי היו הקיסרים של אותם ימים טובים, ומה היו העקרונות המנחים שלהם?

"לעולם אל תפקפק בכך שקבוצה קטנה של אזרחים מתחשבים ומחויבים יכולה לשנות את העולם. אכן, זה הדבר היחיד שיש תמיד."

— מרגרט מיד

לוחמים מנצחים ראשית מנצחים ואז יוצאים למלחמה, בעוד לוח־מים מובסים יוצאים ראשית למלחמה ואז מבקשים לנצח.

אמנות המלחמה של סון צו (476-221 לפנה"ס)

גיליתי שהתשובות ניתנו כבר לפני מאה שנים. רוזוולט היה אדריכל האימפריה הקפיטליסטית האמריקאית הגדולה במחצית הראשונה של המאה ה- 20. כמפקדים העליונים, נשיאים הם ללא ספק האדריכלים המשמעותיים ביותר בהיסטוריה העולמית. באופן בזוי, היא פורקה באופן שיטתי ובוטלה באמצעות Amerixit (גרסה אמריקאית של טאלק[57] (גירושין באסלאם) ממעמדה כמעצמה העולמית – בדומה לברקזיט של בריטניה מהאיחוד האירופי). ארה"ב צריכה לחזור לתקופת "קערת האבק" (תקופה של סופות אבק שפגעו קשות באקולוגיה ובחקלאות בשנות השלושים), שממנה רוזוולט הציל פעם את הקפיטליזם. הרוזוולטים תכננו את המסגרת לשלום ושגשוג של 75 השנים האחרונות בעולם, מסיום מלחמת העולם השנייה. בתקופתם גם הונחו היסודות לאו"ם, ארגון הבריאות העולמי, אונסק"ו, יוניצף, ארגון זכויות האדם ורבים אחרים. במקום לפרק את המוסדות האלה, ולקחת אותנו לרייך הרביעי, אנחנו צריכים לשאוף לשפר אותם ולהפוך אותם לחסונים יותר.

כלכלת ארה"ב, אותה בנה רוזוולט, היוותה כ- 40% (ב- 1960) מהתמ"ג העולמי. עכשיו היא פחות מ- 15% משווי כוח הקנייה (PPP) וצוללת במהירות. בינתיים, סין מהווה מעל 20%[58] מהתמ"ג העולמי והיא שועטת מעלה במלוא העוצמה. הגיע הזמן ללמוד מהאדריכלים המקוריים של הקפיטליזם האמריקאי. עלינו להתכונן למ־לחמה הממשמשת ובאה כדי שנוכל לבנות אותו מחדש לפני שיהיה מאוחר מדי.

אנחנו צריכים *להתפלל* כדי להחזיר את "הניו דיל" הישן והטוב ומנהיגים אמיתיים כמו רוזוולט (תיאודור, פרנקלין דלאנו רוזוולט ואלינור). הם התמודדו עם סכסוכים דומים ברגעים היסטוריים מאתגרים לפני מאה שנים, כגון מלחמת העולם הראשונה, השפעת הספרדית, השפל הגדול ומלחמת העולם השנייה. אנחנו חייבים לחפש את הקלפים המנצחים הדוהים שלנו בקערת האבק המקורית של הרוזוולטים. קלפים אלה היו *אמצעים של כוח:*

(הרשימה הבאה כוללת אמצעים אלה, אך הם הותאמו לסביבה של ימינו) :

1. מנהיגות
2. חינוך STEM (מדע, טכנולוגיה, הנדסה ומתמטיקה)
3. מחקר וטכנולוגיה אסטרטגית
4. ארכיטקטורת תשתיות
5. ארכיטקטורה דיגיטלית
6. ניהול ידע
7. דיפלומטיה
8. תקן עולמי מקובל לגבי מטבעות
9. אלקטרו-דולר
10. הון פיננסי
11. ביטחון
12. אסטרטגיות ומדיניות דיגיטלית שגורמות לשינויים מהותיים

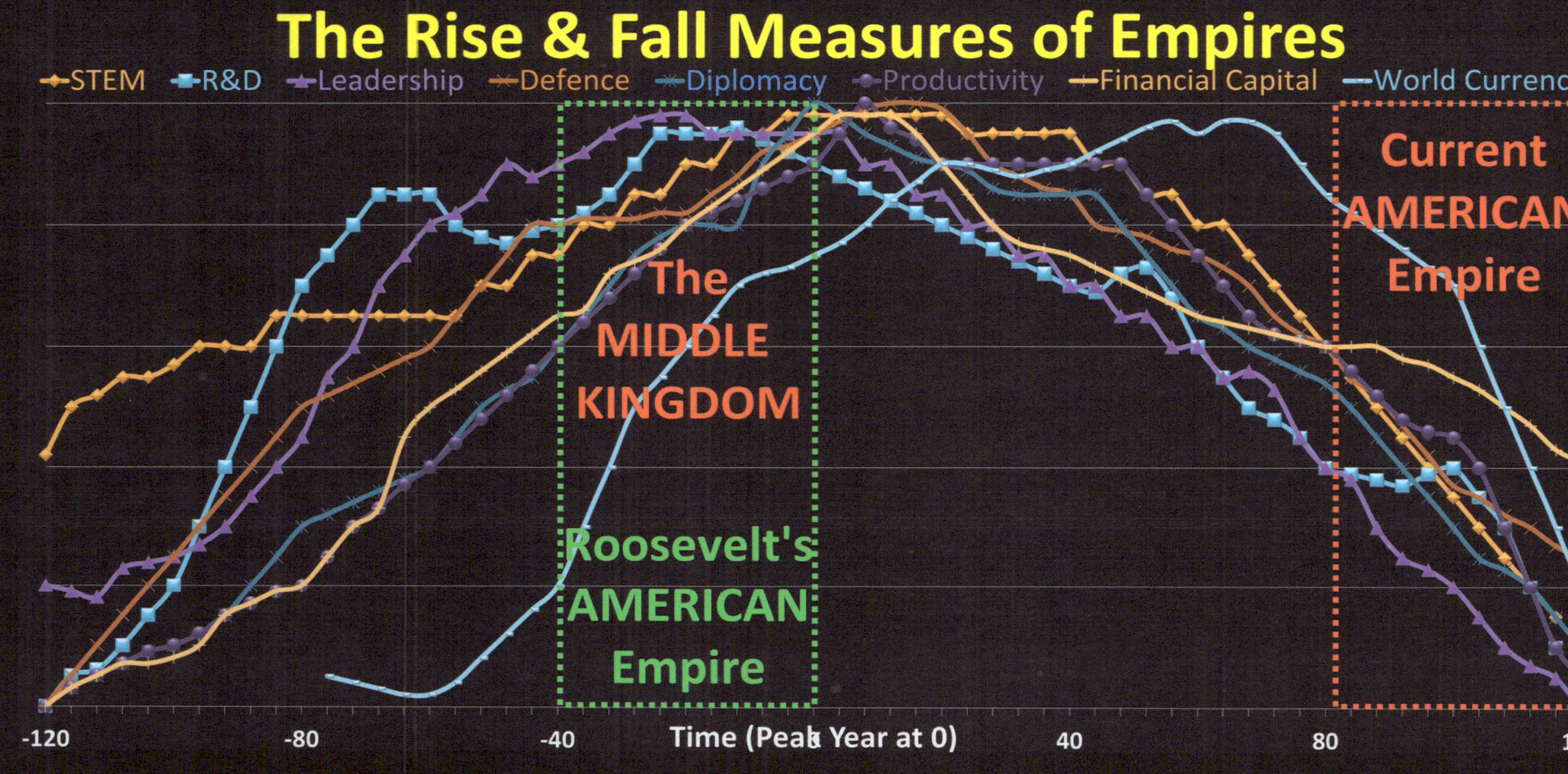
The Gods Must be Crazy!
The Rise & Fall Measures of Empires
STEM
R&D
Leadership
Defence
Diplomacy
Productivity
Financial Capital
World Currency
The MIDDLE KINGDOM
Roosevelt's AMERICAN Empire
Current AMERICAN Empire
-120
-80
-40
40
80
120
Time (Peak Year at 0)

תיאודור רוזוולט (הנשיא הרפובליקני של ארצות הברית מ-1901 עד 1909): *"היכנס לפעולה, עשה דברים", היה יחסו כלפי כל*

המאמצים, בין אם הם היו פוליטיים או אחרים.

תיאודור רוזוולט היה האדם הצעיר ביותר שהפך אי פעם לנשיא ארצות הברית. הוא היה פורץ דרך של התנועה הפרוגרסיבית. תיאודור נלחם על המדיניות הלאומית שלו "עסקה הגונה" (Square Deal), המבטיחה שוויון ממוצע של האזרחים, שבירת אמון רע, בניית מסילות ברזל ואת טוהר המזון והתרופות. הוא הציב את שימור הטבע בראש סדר העדיפויות והקים פארקים לאומיים, יערות ומונומנטים חדשים רבים לשימור משאבי הטבע של האומה.

בצד מדיניות החוץ, רוזוולט התמקד במרכז אמריקה, שם החל בבניית תעלת פנמה. תיאודור רוזוולט הרחיב את הצי האמריקאי ושלח את *הצי הלבן* הגדול שלו- כוח ימי חדש , לסיור עולמי כדי להניע את כוחה הימי של ארצות הברית. מאמציו המוצלחים של רוזוולט לתווך בסוף מלחמת רוסיה-יפן זיכו אותו בפרס נובל לשלום בשנת 1906.

פרנקלין ד. רוזוולט (4 קדנציות כנשיא ארצות הברית מ- 1933 עד מותו ב- 1945):

אפילו עם חוק הייצור הביטחוני, אנחנו עדיין[59] מתקשים לייצר משהו חיוני והכרחי כמו מסכות פנים בעידן הנוכחי של קורונה. פרנקלין רוזוולט ניהל את השנה הראשונה של הייצור בעומס גבוה. לוח הזמנים הפרודוקטיבי הביא לייצור של 45,000 מטוסים, 45,000 טנקים, 20,000 תותחי נ"מ וספינות חדשות במשקל 8 מיליון טון.

למרות מחלת הפוליו המשתקת שתקפה אותו בגיל 39, הוא הפך לנשיא בגיל 50. הוא היה הרמטכ"ל הבלתי מעורער שלנו, שניווט את המדינה הזו דרך שני אסונות גדולים (השפל הגדול ומלחמת העולם השנייה). פרנקלין רוזוולט שימש כמפקד העליון יותר מכל נשיא אחר. מורשתו עדיין מעצבת את הבנתנו לגבי תפקיד הממשלה והנשיאות.

המדיניות והאישיות של פרנקלין דלאנו רוזוולט קבעו את הנורמה העילאית לנשיאות המודרנית. רוזוולט, שעורר כבוד ובוז, הפגין מנהיגות אמיצה בתקופה הסוערת ביותר בתולדות האומה מאז מלחמת האזרחים.

דרך הבעיות והקשיים שגרם השפל הגדול, רוזוולט הוביל את הממשלה הפדרלית, וביצע את תוכניתו המקומית ניו דיל כתגובה למשבר הכלכלי החמור ביותר בתולדות ארצות הברית. "רשת הביטחון" הממשלתית שיצר תהיה המורשת הגדולה ביותר שלו ומקור למחלוקת מתמשכת. הוא נחשב על ידי חוקרים בין הנשיאים הגדולים ביותר של האומה אחרי ג'ורג' וושינגטון ואברהם לינקולן.

אלינור רוזוולט

היא הייתה ידועה כ"גברת הראשונה של העולם". במשך יותר משלושים שנה, אלינור רוזוולט הייתה האישה החזקה ביותר באמריקה. מיליונים העריצו אותה, אבל תיק האף-בי-איי שלה היה עבה יותר מערימה של ספרי טלפונים. היא דיברה ללא חת למען זכויות האזרח, והקו קלוקס קלאן (KKK) שם מחיר על ראשה.

(שונה מהמקור: ספריית הקונגרס הדפסים ותצלומים אגף וושינגטון הבירה, מספר זיהוי דיגיטלי ppmsca.35645)

אלינור, שתוארה בתקשורת כחטטנית מכוערת, עזרה לפרנקלין ד. רוזוולט לעלות לשלטון ושימשה כאחד הנכסים הפוליטיים החשובים ביותר שלו. היא התמידה, אדישה לפרץ הלעג, להילחם ללא לאות למען צדק חברתי עבור כולם ונטלה על עצמה תפקיד מוביל בהצהרת זכויות האדם של האו"ם.

פרנקלין ד. רוזוולט נכנס לבית הלבן בתוך השפל הגדול, שהחל בשנת 1929 ונמשך כעשור. כדי להילחם בהאטה הכלכלית, הנשיא והקונגרס יישמו עד מהרה שורה של יוזמות להתאוששות המכונות הניו דיל. כגברת הראשונה, אלינור נסעה ברחבי ארצות הברית, משמשת כעיניו של בעלה ומדווחת לו. מאוחר יותר כינה אותה הנשיא הארי טרומן "הגברת הראשונה של העולם" כמחווה להישגיה בתחום זכויות האדם.

עלינו לבחון מחדש את הדוקטרינה הקפיטליסטית המייסדת שלנו מימי רוזוולט:

"ברגע הנוכחי בהיסטוריה העולמית, כמעט כל אומה חייבת לבחור בין דרכים חלופיות. לעתים קרובות, הבחירה כרוכה בעלויות. דרך אחת מבוססת על רצון הרוב ומכובדת על ידי מוסדות חופשיים, ממשל ייצוגי, בחירות חופ־שיות, ערבויות לחירות הפרט, חופש הביטוי והדת וחופש מדיכוי פוליטי. הדרך השנייה מבוססת על רצון המיעוט שנכפה בכוח על הרוב. היא מסתמכת על טרור ודיכוי, עיתונות ורדיו שנשלטים על ידי הממשל, בחירות קבועות ודיכוי חירויות אישיות. אני מאמין שזו חייבת להיות המדיניות של ארצות הברית לתמוך בעמים חופשיים שמתנ־גדים לניסיונות שעבוד על ידי מיעוטים חמושים או על ידי לחצים חיצוניים.

....

זרעי המשטרים הטוטליטריים מטופחים על ידי אומללות ורצון. הם מתפש־טים וגדלים באדמה הרעה של עוני וסכסוכים. הם מגיעים לצמיחה המלאה שלהם כאשר התקווה של עם לחיים טובים יותר מתה. אנחנו חייבים לשמור על התקווה הזאת בחיים. העמים החופשיים של העולם מצפים מאיתנו לתמיכה בשמירה על חירויותיהם. אם נהסס בהנהגה שלנו, אנחנו עלולים לסכן את שלום העולם ואנחנו בוודאי נסכן את רווחת האומה שלנו".

דוקטרינת טרומן (1947)

"המנהיג המיומן מכניע את חיילי האויב ללא כל לחימה; הוא לוכד את עריהם מבלי להטיל עליהם מצור; הוא מפיל את ממלכתם ללא פעולות ממושכות בשטח."

אמנות המלחמה של סון צו (221-476 לפנה"ס)

(שונה מהמקור: דיוקנאות ליאון פרסקי,
1944, הספרייה הנשיאותית והמוזיאון של פרנקלין דלאנו רוזוולט)

(שונה מהמקור: הספרייה הנשיאותית והמוזיאון של פרנקלין דלאנו רוזוולט)

סטלין, רוזוולט, צ'רצ'יל, עם 1945 פסגת יילטה (קרדיט תמונה: אוסף צבא ארה"ב)

הצעה להחזיר את בית רוזוולט

"מערכות יחסים אופורטוניסטיות אינן יכולות להישמר קבועות. ההיכרות של אנשים מכובדים, גם מרחוק, אינה מוסיפה פרחים בזמנים של חום ואינה משנה את עליה בזמנים של קור: היא ממשיכה ללא שינוי לאורך ארבע העונות, הופכת יציבה יותר ויותר כשהיא חולפת בעיתות רוגע ובסכנה".

אמנות המלחמה של סון צו (476-221 לפנה"ס)

ההצעה שלי מתמקדת באסטרטגיות שהדגשנו קודם לכן, כדי להחיות ארגונים מערביים, שהן:

1. מנהיגות
2. חינוך למדע, טכנולוגיה, הנדסה ומתמטיקה (STEM)
3. מחקר וטכנולוגיה אסטרטגית
4. ארכיטקטורת תשתיות
5. ארכיטקטורה דיגיטלית
6. ניהול ידע
7. דיפלומטיה
8. תקן עולמי מקובל לגבי מטבעות
9. אלקטרו-דולר
10. הון פיננסי
11. ביטחון
12. אסטרטגיות ומדיניות דיגיטלית שגורמות לשינויים מהותיים

לוח המחוונים שלהלן מייצג השוואה ממעוף הציפור בין העידן הקפיטליסטי של רוזוולט לבין אמריקה של ימינו, בניגוד להתקדמות הסינית. הפרטים יוסברו בכל סעיף (אנא הודיעו לי את נקודות המבט שלכם כדי שאוכל לאחד ולעדכן גרפים אלה).

בתמיכת הממשלה, ארגונים סיניים מתיישבים בעולם באמצעות השפעה כלכלית על יותר מ- 150 מדינות עם מלכודות חוב דיפלומטיות בשווי של לפחות 10 טריליון דולה, הדור הבא של דרך החגורה ודרך המשי ופרויקטים אחרים של תשתיות הייטק.

המערכת הקפיטליסטית הנוכחית שלנו של המאה ה- 19 נמצאת תחת הנהגתם של ועדות פעולה פוליטיות (PACs) ולוביסטים מושחתים בביצה (וושינגטון הבירה), ההון הפרטי של גורדון גקו, ושודדי תאגידים, שרבים מהם ממומנים על ידי הסינים. תהליך קבלת ההחלטות האלגוריתמי של וול סטריט המונע על ידי טוויטר הוא בושה וחרפה. המלומדים של הארגון שלנו מתנתקים במהרה מהמציאות של 96% מהאנושות. הם גרים במגדל שן ומתרכזים רק בהנדסה פיננסית מופרזת. כמעט ולא התרחשה צמיחה בפריון או במכירות בעשור האחרון. למרות זאת, הדאו ג'ונס עלה ביותר מ- 250% בעשר השנים האחרונות, בעיקר באמצעות הנדסה פיננסית. תוכניות של התעשרות מהירה רוקנו את המאזן המשמעותי, ועכשיו יסודות הקפיטליזם רועדים.

אנחנו צריכים לתקן את הארגונים שלנו על מנת שיצעדו לעבר המאה ה- 22 על ידי למידה מטובי האנשים בגר־מניה ובמזרח (סינגפור, סין, יפן, דרום קוריאה וכו'). הישרדותו של ארגון כרוכה בעלייתן ונפילתן של אימפריות הסנדקות המממנות שלה, כפי שראינו בחמש מאות השנים האחרונות. מהנדסי החוסן של המפלגה הקומוני־סטית הסינית מוציאים באופן אסטרטגי טריליוני דולרים כדי לחסל באכזריות במערב רבים מהאשפים בהנדסה פיננסית קפיטליסטית בזבזנית, במיוחד על המצאות המאה ה- 22. ארגונים סינים בשליטת הממשלה שחררו את הגורדון גקו שלהם במערב ושותפים זרים ליצירת מוצרים ושירותים טובים יותר.

לסיכום, אנחנו צריכים להכפיל את ההשקעות שלנו בארגונים בתחומים הבאים על מנת לשחרר את עצמנו מה־רודנים הקומוניסטים החדשים:

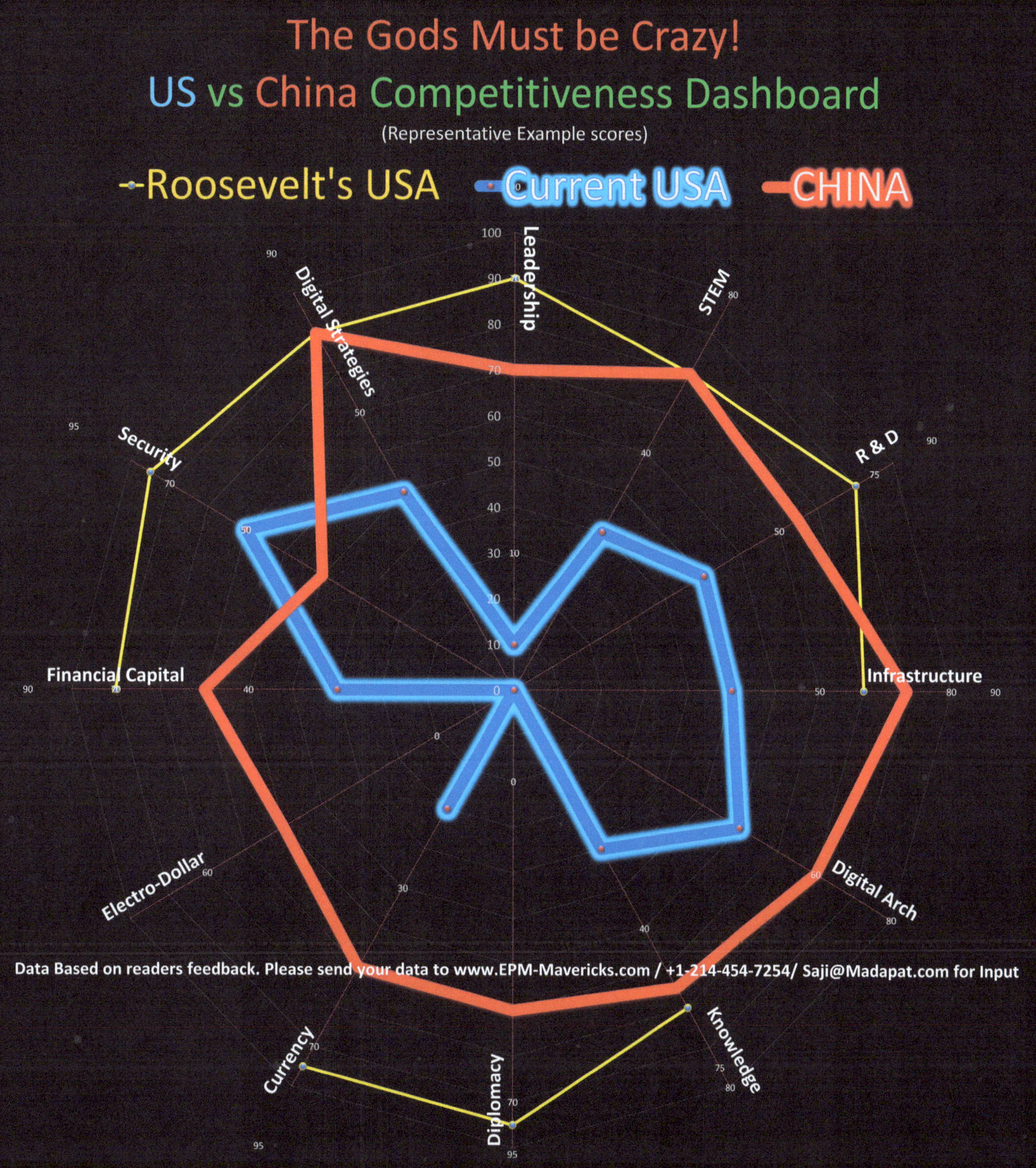

The Gods Must be Crazy!

US vs China Competitiveness Dashboard

(Representative Example scores)

Roosevelt's USA — Current USA — CHINA

Leadership
STEM
R & D
Infrastructure
Digital Arch
Knowledge
Diplomacy
Currency
Electro-Dollar
Financial Capital
Security
Digital Strategies

100
90
80
70
60
50
40
30
20
10
0

Data Based on readers feedback. Please send your data to www.EPM-Mavericks.com / +1-214-454-7254/ Saji@Madapat.com for Input

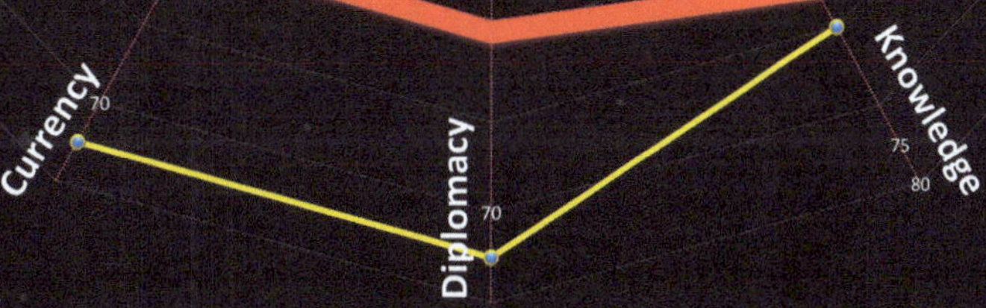

Ay Yi Yai Yi! We are in the middle of The New World Order!

1. מנהיגות

"המנהיג המיומן מכניע את חיילי האויב ללא כל לחימה; הוא לוכד את עריהם מבלי להטיל עליהם מצור; הוא מפיל את ממלכתם ללא פעולות ממושכות בשטח".
אמנות המלחמה של סון צו (476-221 לפנה"ס)

בית הספר הרווארד קנדי אומר: "*כשהמפלגה הקומוניסטית הסינית (CCP) עומדת לחגוג את יום השנה ה- 100 להקמתה, נראה שהיא חזקה מתמיד. חוסן עמוק יותר נוצר כתוצאה מהתמיכה העממית במדיניות המשטר*". מאמר מחקר זה על המפלגה הקומוניסטית הסינית הוא אחד מסדרת מחקרים שפרסם מרכז האש למשילות דמוקרטית וחדשנות בבית הספר לממשל ע"ש ג'ון פ. קנדי באוניברסיטת הרווארד.

"יש מעט ראיות שתומכות ברעיון שהמפלגה הקומוניסטית הסינית מאבדת לגיטימציה בעיני אנשיה. למעשה, הסקר שלנו מראה על פני מגוון רחב של מדדים, כי ב- 2016 הממשלה הסינית הייתה בשיא הפופולריות שלה לעומת כל מועד אחר בשני העשורים הקודמים. בממוצע, אזרחים סינים דיווחו כי שירותי הבריאות, הרווחה והשירותים הציבוריים החיוניים שניתנו על ידי הממשלה היו טובים ושוויוניים בהרבה לעומת המועד בו החל הסקר, בשנת 2003.

....

לפיכך, לא היה סימן ממשי לחוסר שביעות רצון גובר בקרב הקבוצות הדמוגרפיות העיקריות בסין, מה שהטיל ספק ברעיון שהמדינה עומדת בפני משבר של לגיטימציה פוליטית".

אוניברסיטת הרווארד (יולי 2020)

"רק 17% מהאמריקאים כיום אומרים שהם יכולים לסמוך על הממשל בוושינגטון שיעשה את הדבר הנכון "כמעט תמיד" (3%)"

מכון המחקר פיו
(אמון הציבור בממשלה: 1958-2019)

כפי שההיסטוריה נוטה לחזור על עצמה עם נקמה, אנחנו חייבים מנהיגות גמישה, כמו זו של הרוזוולטים כדי לנהל הן את האימפריה שלנו והן את המיזם שלנו. הגיע הזמן שמנהיגים כדוגמת פרנקלין דלאנו רוזוולט יצוצו. מנהיגים שיכולים להפוך את מגיפת הקורונה לקריאה לאומץ, עקשנות ותקווה. פרנקלין דלאנו רוזוולט היה המנהיג יוצא הדופן ביותר של ארה"ב. הוא הביא אותנו לחזית הבמה ההיסטורית העולמית על ידי בניית היסוד לקפיטליזם וליוזמה מודרנית. אנחנו צריכים להתפלל לעוד מנהיגים בעלי חזון, כמו הרוזוולטים, שיסללו את דרך הגאולה לעתיד ויובילו אותנו לחזור ולהיות מגדלור של תקווה לעולם.

בינתיים, בארה"ב:

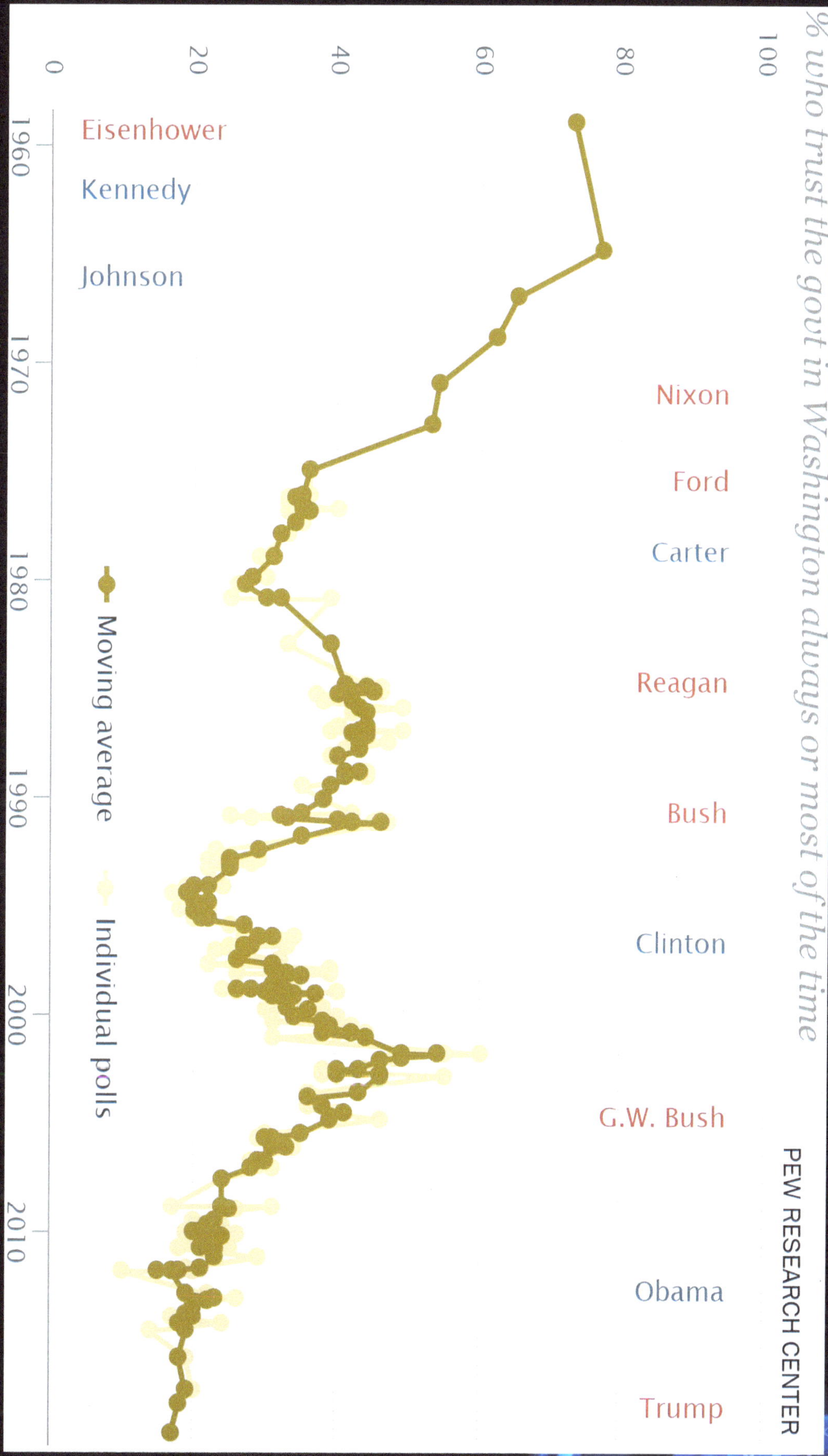

(קרדיט מקור: נוצר ע"י ממשלת אנגליה) וינסטון צ'רצ'יל מברך את ג'וזף סטלין עם הנשיא רוזוולט מחוץ לארמון ליבדיה במהלך ועידת יילטה, פברואר 1945.

ככל שאנו מתקדמים עם משבר האקלים הקיומי, אנחנו צריכים נביאים כמו תיאודור רוזוולט, שהבינו בחשיבות הרבה של שימור הנכסים שבורכנו בהם. תיאודור רוזוולט יצר 150 יערות לאומיים, חמישה פארקים לאומיים, 51 שמורות ציפורים פדרליות, ארבע שמורות משחק לאומיות, ו- 18 מונומנטים לאומיים על יותר מ- 230 מיליון דונמים של אדמה ציבורית.

בעודנו מנסים להתמודד עם עידן "חיי שחורים נחשבים" (Black Lives Matter), הבה נלמד מ"הגברת הרא־שונה של העולם" (אלינור רוזוולט), שהגדירה מחדש את האומה על סמך מאמצינו ההומניטריים ומאבק הצדק החברתי שלנו.

פרנקלין דלאנו רוזוולט חלה בגיל 39 במחלת הפוליו, ששיתקה אותו מהמותניים ומטה, אך הוא התמודד עם המח־לה בחוצפה, התמדה ואופטימיות. כמפקד העליון, הוא הנהיג את האומה שלנו בשפל הגדול ובמשבר הבנקאי. כפי שקרה בתקופת השפל הגדול, אנו עומדים כעת בפני התאוששות כלכלית המותנית במיליוני החלטות מורכבות של מיליוני שחקנים, שרובם אנשים בעלי עניין עצמי. כאשר אנשים איבדו אמון בממסד ובמערכותיו, פרנקלין דלאנו רוזוולט פתר את המשבר הפיננסי על ידי הטמעת אמון מחדש של הציבור במערכת.

המנהיגים שלנו צריכים ללמוד מהדיפלומטים האלה של רצון טוב, שבנו גשרי יחסים עם כל בעלי העניין בזמן הקריטי ביותר בהיסטוריה. הודות להתמדה ולהנהגה של פרנקלין דלאנו רוזוולט, הוא קיבל תמיכה ושיתוף פעולה שאין שני להם מהקונגרס במהלך השפל הגדול ומלחמת העולם השנייה. הוא עבד עם וינסטון צ'רצ'יל ומנהיגי עולם אחרים כדי להניח את היסודות של האו"ם ופורומים גלובליים רבים אחרים, והביא ליותר משבעים וחמש שנים של שלום ושגשוג. הוא אף שיתף פעולה עם ג'וזף סטלין הקומוניסטי כדי לכבוש את ציר הרשע במלחמת העולם השנייה. הוא שלט באמנות הפשרה והדיפלומטיה, שכעת חסרה לנו מאוד בוושינגטון ובעולם הגיאופוליטי. הוא חיבר את הגברים והנשים הפשוטים של האומה והעולם באמצעות שיחות בלתי פורמאליות.

כאשר צרות ומצוקות בסיסיות מאיימות על האימפריה שלנו ועל מבני הארגונים שלנו, אנו זקוקים למנהיגים כמו הרוזוולטים, שיכולים לבנות אותנו מחדש ולהחזיר אותנו להיות מגדלור של תקווה לעולם. מנהיגים אשר:

1. יעוררו בנו השראה עם חזון, אסטרטגיה ומפת דרכים לעתיד שלנו
2. יובילו אותנו עם תקווה וביטחון, גם אם העתיד לא ידוע
3. ינקטו פעולות נועזות בהחלטיות ובנחישות
4. ישתפו פעולה עם כל בעלי העניין ואפילו משא ומתן עם אויבינו הפוטנציאליים לפיתוח תוכנית פעולה
5. יבצעו החלטות לטובת הכלל, גם אם הן אינן תקינות מבחינה פוליטית

הגיע הזמן שננתח את הממלכה התיכונה כדי להעריך כמה טוב הם משתמשים בקלפים המנצחים שלהם. הזמן שלנו הולך ואוזל. למען האימפריה והארגונים שלנו, אנו צריכים מנהיגים אצילים ואינטליגנטיים כמו הרוזוולטים, שיש להם ביטחון עצמי, נחישות, יושר ודיפלומטיה, שבלעדיהם בהכרח נקרטע.

2. חינוך STEM (מדע, טכנולוגיה, הנדסה ומתמטיקה)

"ידע מעמיק הוא להיות מודע להפרעה לפני שהיא מתרחשת, להיות מודע לסכנה לפני שהיא מתרחשת, להיות מודע להרס לפני התרחשותו, להיות מודע לאסון לפני שהוא מגיע. פעולה משמעותית היא אימון הגוף מבלי להעמיס על הגוף, לאמן את המוח מבלי להשתמש במוח, לעבוד בעולם מבלי להיות מושפע על ידי העולם, לבצע משימות מבלי להיחסם על ידי המשימות".
אמנות המלחמה של סון צו (476-221 לפנה"ס)

איכות החינוך יצרה את עמוד השדרה של אימפריות לאורך ההיסטוריה. חינוך חזק הוא עמוד השדרה של הצמיחה. בהתבסס על ציוני מבחן פיזה 2015, ארצות הברית כבר מדורגת ב- 15% הנמוכים ביותר בין המדינות המפותחות.

למרבה הצער, החינוך הציבורי ומימון בתי הספר הם הדברים הראשונים שנפגעים כאשר צריך לבצע קיצוצים בתקציב, במיוחד בעידן שלאחר הקורונה. חינוך STEM הוא היקר מכולם והטרף הטבעי ביותר לקיצוצים בתקציב. נוסף על כך, המצב הכלכלי הנוכחי הוביל לשיעורי אבטלה גבוהים, מה שמוביל לחוסר יציבות בבתים רבים, שבסופו של דבר גורם לתוצאות אקדמיות גרועות, היעדר הזדמנויות והכנסה דחוקה. גורמים אלה מפתחים מעגל קסמים המוביל לאי-יציבות חברתית-כלכלית וגיאופוליטית ברחבי העולם.

בסביבה הפוליטית הנוכחית, החינוך נמצא בעדיפות האחרונה. בנוסף לשינויי מדיניות, עלינו לחפש פתרונות יצירתיים, כגון שותפויות בין פילנתרופיה, ממשלה ועסקים, כדי להתמודד עם אתגרים מסוג זה. עלינו להקים שותפויות ציבוריות-פרטיות הדומות לחינוך וההכשרה הטכנית והמקצועית הגרמנית (TVET).

כמו בסינגפור, גרמניה, סין, יפן, דרום קוריאה והודו, על הממשלה לקחת תפקיד מנהיגותי פעיל בחינוך הציבורי, ועל הממשלה לתגמל מורים על סמך ביצועיהם. כפי שזה נראה, ארצות הברית מעניקה תעודת מהנדס למספר מהנדסים הנמוך משמעותית ממספר המהנדסים בסין או אפילו הודו.

על פי דו"ח ה- OECD (הארגון לשיתוף פעולה ופיתוח כלכלי) לשנת 2018, ארה"ב מוציאה יותר על מכללות מאשר כמעט כל מדינה אחרת. "ההוצאות לתלמיד מופקעות, ואין להן כמעט קשר לערך שהתלמידים יכולים לקבל בתמורה".[60]

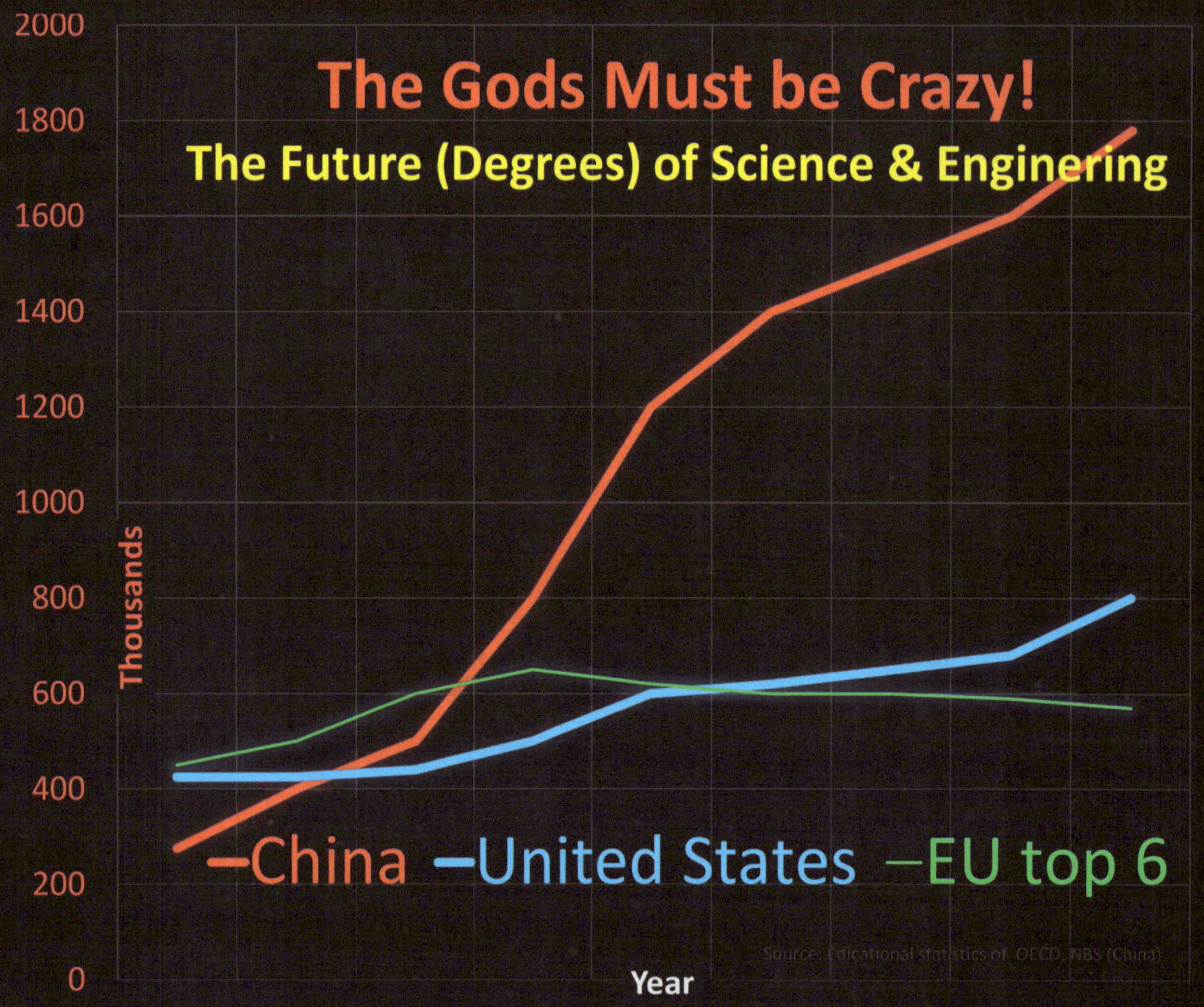

The Gods Must be Crazy!

The Future (Degrees) of Science & Enginering

Thousands: 2000, 1800, 1600, 1400, 1200, 1000, 800, 600, 400, 200, 0

Year

—China —United States —EU top 6

Source: Edicational statistics of OECD, NBS (China)

★★★★★★★★★★★★★★★★★★★★★★★★★★★★★★★★★★★★★★

האשמה מוטלת על השחיתות - דירות סטודנטים מפוארות, ארוחות יקרות, ו "מאניה לספורט אתלטי". אנחנו צריכים לשנות את מערכת החינוך ולהתחיל בשותפויות עם פילנתרופים כמו ביל גייטס ובלומברג כדי להכשיר ולהכין את כוח העבודה למאה ה- 22. כדוגמה, בטכנולוגיית מידע (IT):

- מערכות IT/עסקים חייבות להתפתח בעזרת ניתוח אנליטי חוזה עתיד שייעשה על ידי בוטים של בינה מלאכותית (אוטומציה רובוטית בענן)
- בנוסף ל- IT, חשבונאות מסורתית ורוב הפונקציות העסקיות (במיוחד אלה החוזרות ונשנות) נמצאות על סף אוטומציה על ידי בוטים של בינה מלאכותית בענן

כוח העבודה שלנו חייב להיות מוכן לבינה מלאכותית, מכיוון שאוטומציה רובוטית ובינה מלאכותית, על אף פגיעתן בתעסוקה, תהיינה נחוצות לפרודוקטיביות ולצמיחה כלכלית. מיליוני אנשים ברחבי העולם יצטרכו להחליף מקצועות או לשדרג מיומנויות. מקינזי מעריך כי עד 2030, *400 עד 800 מיליון אנשים יוחלפו על ידי אוטומציה ויצטרכו למצוא מקומות עבודה חדשים. מתוכם, 75 עד 375 מיליון עשויים להזדקק להחליף קטגוריות תעסוקתיות וללמוד מיומנויות חדשות.*

3. מחקר וטכנולוגיה אסטרטגית

"אם אתה מכיר את האויב ומכיר את עצמך, אתה לא צריך לפחד מהתוצאה של מאה קרבות. אם אתה מכיר את עצמך אבל לא מכיר את האויב, על כל ניצחון שהושג, תנחל תבוסה. אם אתה לא מכיר לא את האויב ולא את עצמך, אתה תיכנע בכל קרב."
אמנות המלחמה של סון צו (476-221 לפנה"ס)

האם החברה המוערכת ביותר באמריקה איבדה את קיסמה? מלבד רכישה חוזרת של מניות וחליבת האייפונים העתיקים, מבחינה טכנולוגית היא נמצאת דורות מאחורי המתחרים מהמזרח. אילו חידושים הביאה אפל בעשור האחרון? נראה שאפל מתה עם סטיב ג'ובס.

חדי הקרן שלנו בעמק הסיליקון יוצאים החוצה, במיוחד מזרחה. נראה שגם עמק הסיליקון איבד את דרכו.

"קרנות הון סיכון וכלכלת סטארט-אפים טכנולוגיים יוצרות "הונאת פונזי מסוכנת בסיכון גבוה" ו"בלון פונזי מוזר"."

ח'מאת' פליהפטיה

(משקיע מיליארדר וסגן נשיא לשעבר לצמיחת משתמשים בפייסבוק)

הסינים אינם רק בחזית הגבול הטכנולוגי בתחומים נפוצים כגון אלקטרוניקה, מכונות, מכוניות, רכבות מהירות ותעופה. הם גם מניעים חידושים טכנולוגיים בתחומים מתפתחים כגון 5G, אנרגיה מתחדשת, אנרגיה גרעינית מתקדמת, טכנולוגיות טלקומוניקציה מהדור הבא, ביג דאטה ומחשבי-על, בינה מלאכותית, רובוטיקה, טכנולוגיית חלל ומסחר אלקטרוני.

בשנת 2018 הגישו הסינים כמעט 50% מסך הבקשות לפטנטים ברחבי העולם, עם שיא של 1.54 מיליון בקשות בתחום ההייטק, בהשוואה לפחות מ- 600,000 בקשות שהגישה ארצות הברית. מספר הפטנטים שסין הגישה בתחום הבינה המלאכותית עקף את זה של ארה"ב כבר ב- 2014, ומאז היא שומרת על קצב צמיחה גבוה.

רוב המנהיגים הסינים הם מהנדסים שחושבים מנקודת מבט אסטרטגית ארוכת טווח של חוסן וערכים, ולא מתע־סקים בקיצורי דרך לטווח קצר במיוחד המתבססים על הנדסה פיננסית. הם מתמקדים בטכנולוגיות ארוכות טווח של המאה ה- 22, לרבות בינה מלאכותית, מחשוב ענן, ניתוח ביג דאטה, בלוקצ'יין וטכנולוגיית תקשורת מידע (ICT).

ככל שדרך המשי הסינית הדיגיטלית תתרחב, לארגונים בשליטת ממשלת סין או בתמיכתה יהיו תובנות יקרות ערך דרך הנתונים ברחבי העולם, בדומה לאופן שבו חברות ה- FAANG (פייסבוק, אפל, אמזון, נטפליקס, גוגל) משתמשות בצבירה של נתונים בזמן אמת כדי לנתח את התנהגות הלקוחות במערב. בהיותם קשורים לממשלת סין, תהיה להם גישה מועדפת לכל נושאי הממלכה התיכונה, בניגוד למתחרים המערביים שלהם. לארגונים הסי־ניים האלה יהיו פריבילגיות יוצאות דופן ביישום הטכנולוגיות המתקדמות של הדור הבא כמו IoT (האינטרנט של הדברים), בינה מלאכותית וכלי רכב אוטונומיים בלפחות שני שלישים מהעולם באמצעות פלטפורמת דרך המשי הדיגיטלית (DSR).

למרבה הצער, במערב, הארכיטקטורות והטכנולוגיות של הארגונים בימינו שקדמו לעידן האינטרנט, מנוהלות על ידי מומחים בהנדסה פיננסית, שמבצעים שינויים קוסמטיים בלבד. לעיצובים שלהם אין קשר לעידן הדיגיטלי. כפי שקרה עם הרוזוולטים, באמצעות שותפויות ציבוריות-פרטיות, אוניברסיטאות צריכות להשקיע ולטפח את תעשיות הליבה בדומה למה שאנו רואים שקורה בסין, יפן, דרום קוריאה וגרמניה.

4. ארכיטקטורת תשתיות

> *"הגנרל שמנצח בקרב עושה חישובים רבים במקדשו לפני שהקרב מתחיל. הגנרל שמפסיד בקרב עושה רק מספר חישובים.*
> אמנות המלחמה של סון צו (221-476 לפנה"ס)

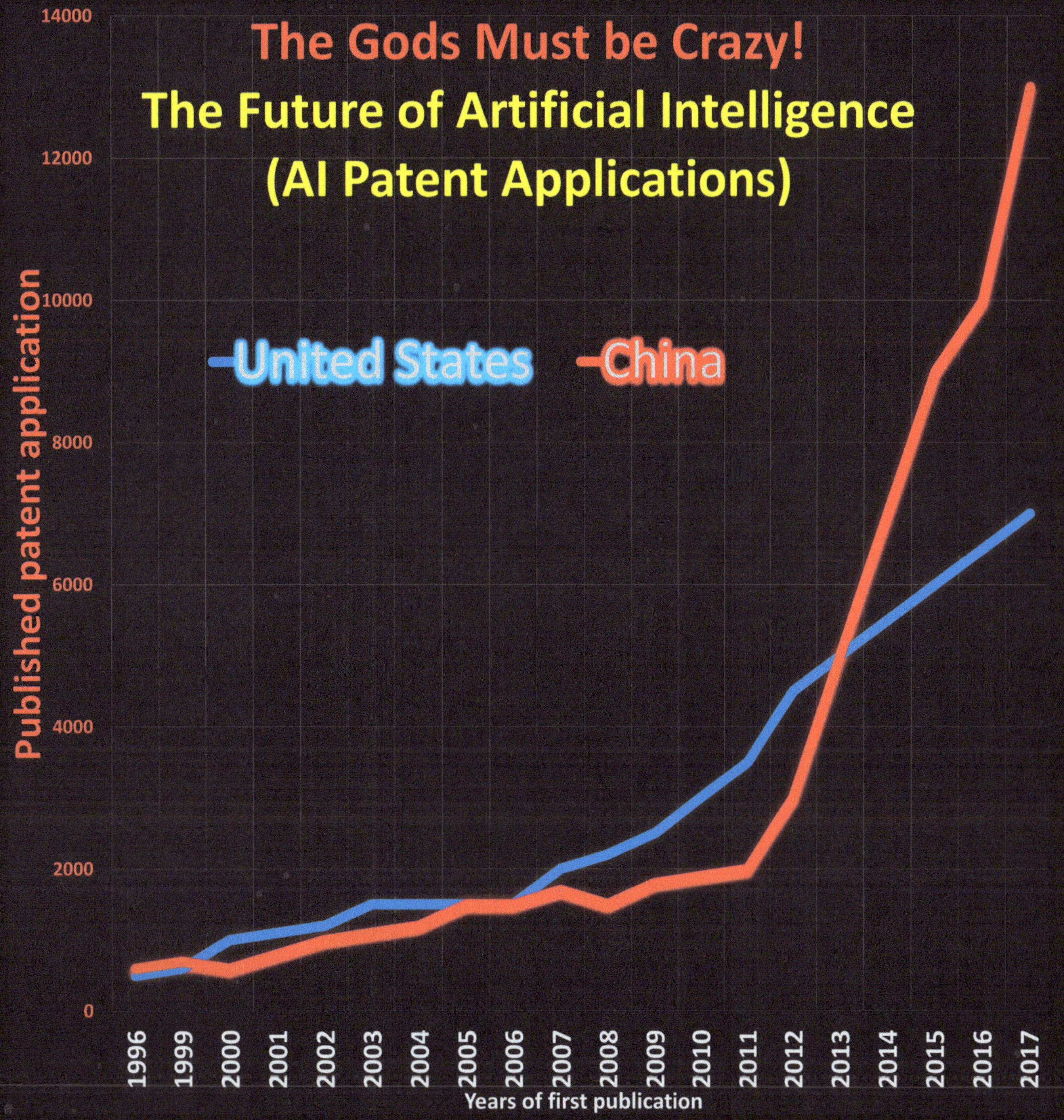

The Gods Must be Crazy!

The Future of Artificial Intelligence (AI Patent Applications)

United States
China

Published patent application

14000
12000
10000
8000
6000
4000
2000
0

1996 1999 2000 2001 2002 2003 2004 2005 2006 2007 2008 2009 2010 2011 2012 2013 2014 2015 2016 2017

Years of first publication

★ ★

כדי לשרוד, אנחנו צריכים לנסח גרסה מודרנית של ה"ניו דיל" שפרנקלין דלאנו רוזוולט הנהיג לפני מאה שנים בנסיבות דומות. בדיוק כפי שהוא עשה, אנחנו חייבים לבצע השקעות משמעותיות בתשתית הרעועה שלנו.

כאשר סין מבקשת להשתלט כלכלית, אנחנו חייבים לחפש את הגרסה המתקדמת שלנו לתוכנית מרשל העולמית על מנת להתמודד עם התוכניות הסיניות (דרך המשי הדיגיטלית ויוזמת החגורה והדרך) והתשתיות הטכנולוגיות שלה.

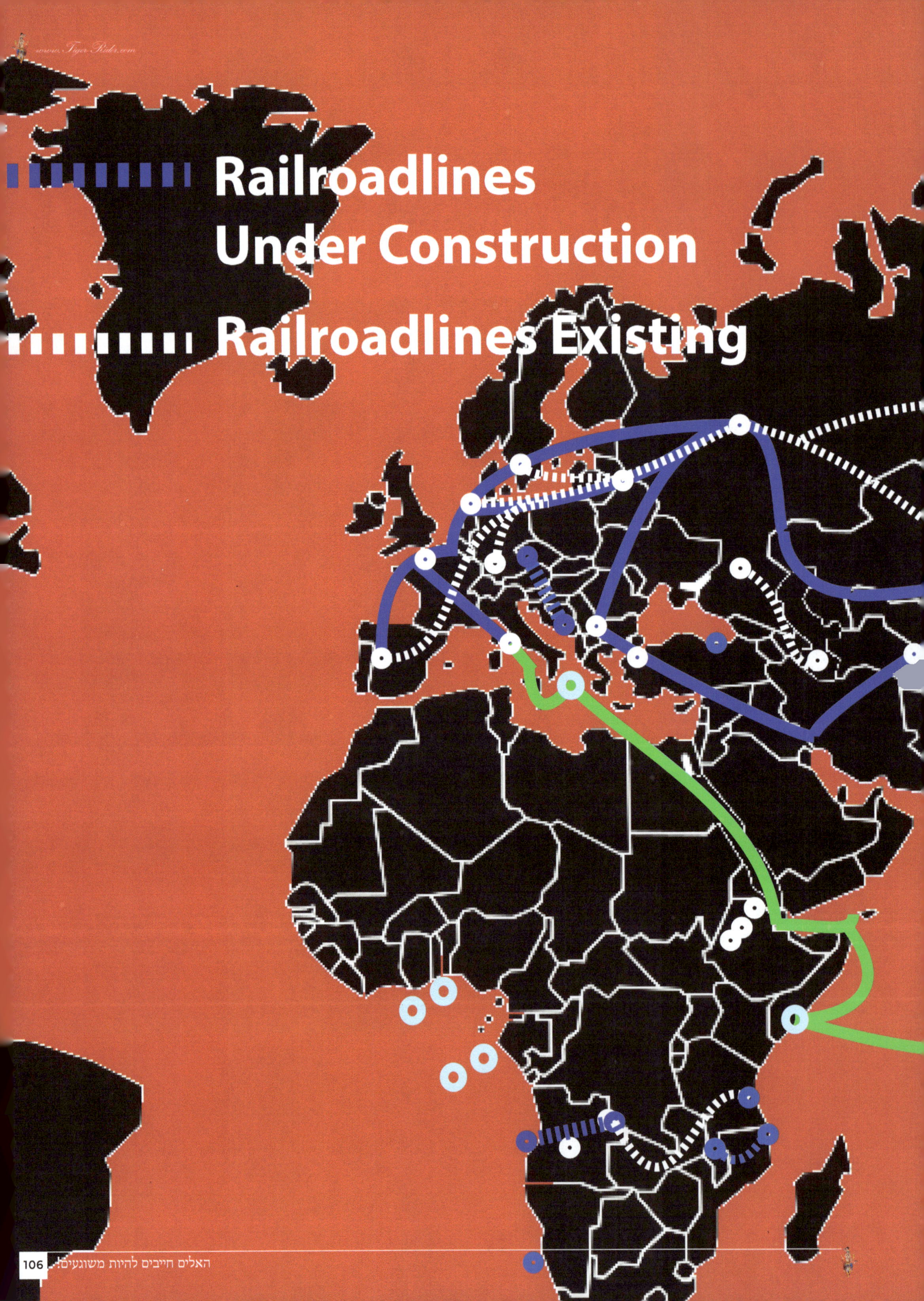
Railroadlines
Under Construction
Railroadlines Existing

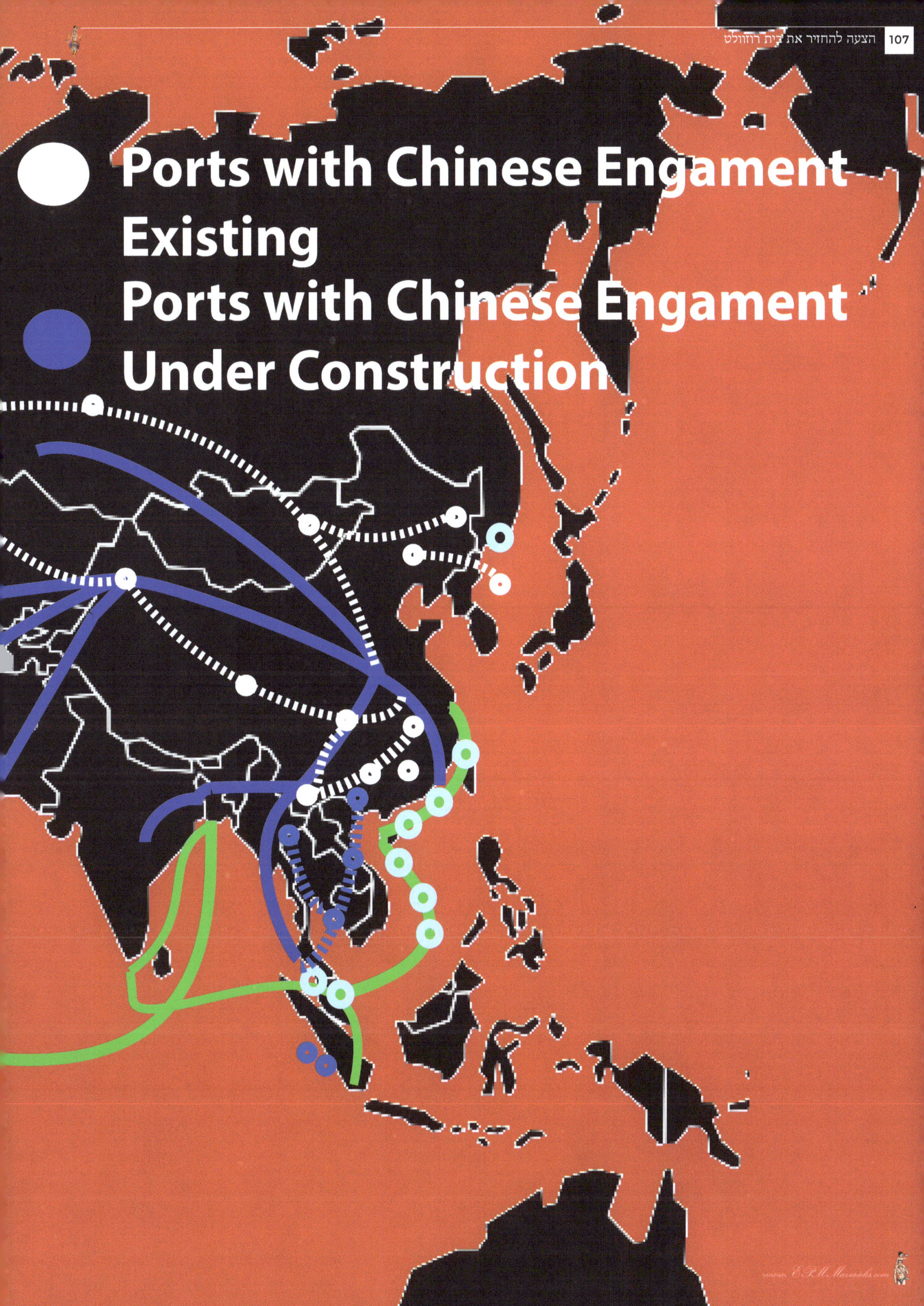
Ports with Chinese Engament
Existing
Ports with Chinese Engament
Under Construction

- אנחנו צריכים להמריץ מחדש את היזמות באמצעות שותפויות ואוניברסיטאות ציבוריות-פרטיות.
- הממשלה צריכה להשקיע בהון העצמי של ארגונים אסטרטגיים על מנת לעזור להם להתאושש.
- הממשלה צריכה לעקוב אחר חברות השקעות פרטיות וקרנות הון סיכון בתעשיות קריטיות, במיוחד בעמק הסיליקון. מימון ניכר מגיע מסין בכוונה לגנוב את הידע והקניין הרוחני שלנו, ומהווה איום פוטנציאלי על האינטרס הלאומי שלנו.
- אנחנו חייבים לבטל את מערכת ההגירה המיושנת ולהתמקד באיכות. רבים ממנהיגי ההייטק החדשניים שלנו הם תוצאה של הגירה איכותית.
- כפי שעשה רוזוולט, עלינו לפרק את המונופולים והתאגידים הגדולים, שיוצרים חסמים לחדשנות.

"ארגונים קטנים ובינוניים מהווים יותר מ- 99% מסך העסקים במדינות שבהן אנו עובדים. הם אחראים לתרומות גדולות לערך מוסף ותעסוקה".

הבנק האירופי לשיקום ופיתוח (EBRD)

5. ארכיטקטורה דיגיטלית

"ראשית הכן תוכניות אשר יבטיחו ניצחון, ולאחר מכן הובל את הצבא שלך לקרב; אם לא תתחיל בתחבולות אלא תסתמך על כוח פראי בלבד, הניצחון כבר לא יהיה ודאי"
"תן לתוכניות שלך להיות אפלות ובלתי ניתנות לחדירה כמו הלילה, וכשאתה פועל, הכה כמו ברק".
אמנות המלחמה של סון צו (476-221 לפנה"ס)

"עלינו לנצל את ההזדמנויות שמעניקים הדיגיטציה התעשייתית והתיעוש הדיגיטלי, להאיץ את בנייתן של תשתיות חדשות כגון רשתות 5G ומרכזי נתונים, וכן להגביר את הפריסה של תעשיות מתפתחות אסטרטגיות ותעשיות עתידיות כגון הכלכלה הדיגיטלית, חיים ובריאות וחומרים חדשים".

שי ג'ינפינג, המזכיר הכללי של המפלגה הקומוניסטית של סין

סין כבר חתמה על הסכמים ספציפיים לדרך המשי הדיגיטלית עם רבות מהמדינות עימן יש לה שותפות באשר ליוזמת החגורה והדרך (BRI). DSR הוא סוס טרויאני עבור בייג'ינג כדי לשפר את השפעתה ברחבי העולם ללא תחרות. זוהי דלת אחורית דיגיטלית עבור חברות טכנולוגיה סיניות כמו וואווי (Huawei), טנסנט (Tencent) ועלי באבא, כדי להרחיב את השפעתן העסקית הגלובלית ולטרפד את מתחרותיהן המערביות.

בזמן שאנחנו תקועים במלחמות 2G/3G/4G, סין מקפצת מעל ההתרחבות שלה של 5G ועכשיו מסתכלת על 6G. לפני יותר משנה העניקה סין רישיונות הפעלה לסין מובייל, יוניקום הסינית וצ'יינה טלקום. בשנת 2019, ארגוני טלקום אלה בבעלות המדינה החלו לפרוס רשתות 5G בערים ברחבי המדינה. הם התחילו עם 50 אלף תחנות בסיס ב- 2019. סין כבר חצתה את חצי מיליארד מנויי 5G. הוא הוסיפה לפחות 190k תחנות 5G בסיס חדשות במחצית הראשונה של 2021 לבד[61]

Carrier	5G subs total (millions)	New 5G subs in 2021 (millions)	5G base stations	New 5G base stations 2021	Total subscribers (millions)
China Mobile	251	86	501,000	111,000	946
China Unicom	121	42.2	460,000	80,000	310
China Telecom	131	44.5	460,000	80,000	362
Totals	503	172.7	1,421,000*	271,000	1,618

מקור: https://www.theregister.com/2021/08/20/china_5g_progress

סין מחזיקה או מסייעת בבניית כ- 30% מהכבלים הנוכחיים באסיה והיא מכוונת לנתח של יותר מ- 50% בקרוב. ה- 5G של וואיווי (Huawei) הוא חדשני יותר מרשתות מתחרות מערביות והוא משווק במחיר זול לשאר העולם. למערכת הניווט הלוויני הסינית יש יותר לוויינים מאשר במערכת הניווט של ארה"ב. לפחות שלושים מדינות שחתמו על תכנית יוזמת החגורה והדרך (BRI) כבר חתמו על רשת הניווט BeiDou.

מעבר להתיישבות הכלכלית, בזמן בו סין מחפשת כיצד להתיישב באופן דיגיטלי, עלינו לבחון את הגרסה המתקדמת שלנו לתוכנית מרשל *הדיגיטלית* העולמית נגד תוכנית החגורה והדרך והתשתית הטכנולוגית של סין.

זו תהיה משימה עצומה עבור ארגונים מערביים להדביק את הפער מול חברות סיניות במימון המדינה כמו עלי באבא, וואווי, טנסנט ו- ZTE, המספקות מוצרים חדישים במחירים זולים, הודות לסובסידיות.

6. ניהול ידע

"התייחס לחייליך כאל ילדיך, והם ילכו בעקבותיך לעמקים העמוקים ביותר; הבט בהם כעל בניך האהובים, והם יעמדו לצידך אפילו עד המוות. אם, לעומת זאת, אתה מפנק אבל לא מסוגל להפעיל את הסמכות שלך; טוב לב אך לא מסוגל לאכוף את הפקודות שלך; ולא מסוגל, יתר על כן, לסבול מהפרעה: אז החיילים שלך חייבים להיות משולים לילדים מפונקים; הם חסרי תועלת לכל מטרה מעשית".

אמנות המלחמה של סון צו (476-221 לפנה"ס)

מה שאנחנו צריכים היום זה הנדסת הייטק והנדסה חסינה – לא הנדסה פיננסית שמשמשת רק כדי לבזבז את מה שכבר יש לנו. הפרודוקטיביות של משאבי הידע של הארגון, העובדים שלו, היא המפתח להצלחתו. תרבות עבודת צוות, למידה וחדשנות הם הבסיס לניהול ידע אפקטיבי. העצמת צוות מובילה לארגון עם ידע, המהווה את הבסיס לעתיד הארגון. למרבה הצער, בסביבה של היום, משאבי ידע הם הנפגע העיקרי. הם מקבלים טיפול זהה לזה של אחריות לפי מרכזי עלות, שהביאו לנתון האבטלה הנוכחי של כ- 40 מיליון אנשים.

China's Global Infrastructure Footprint

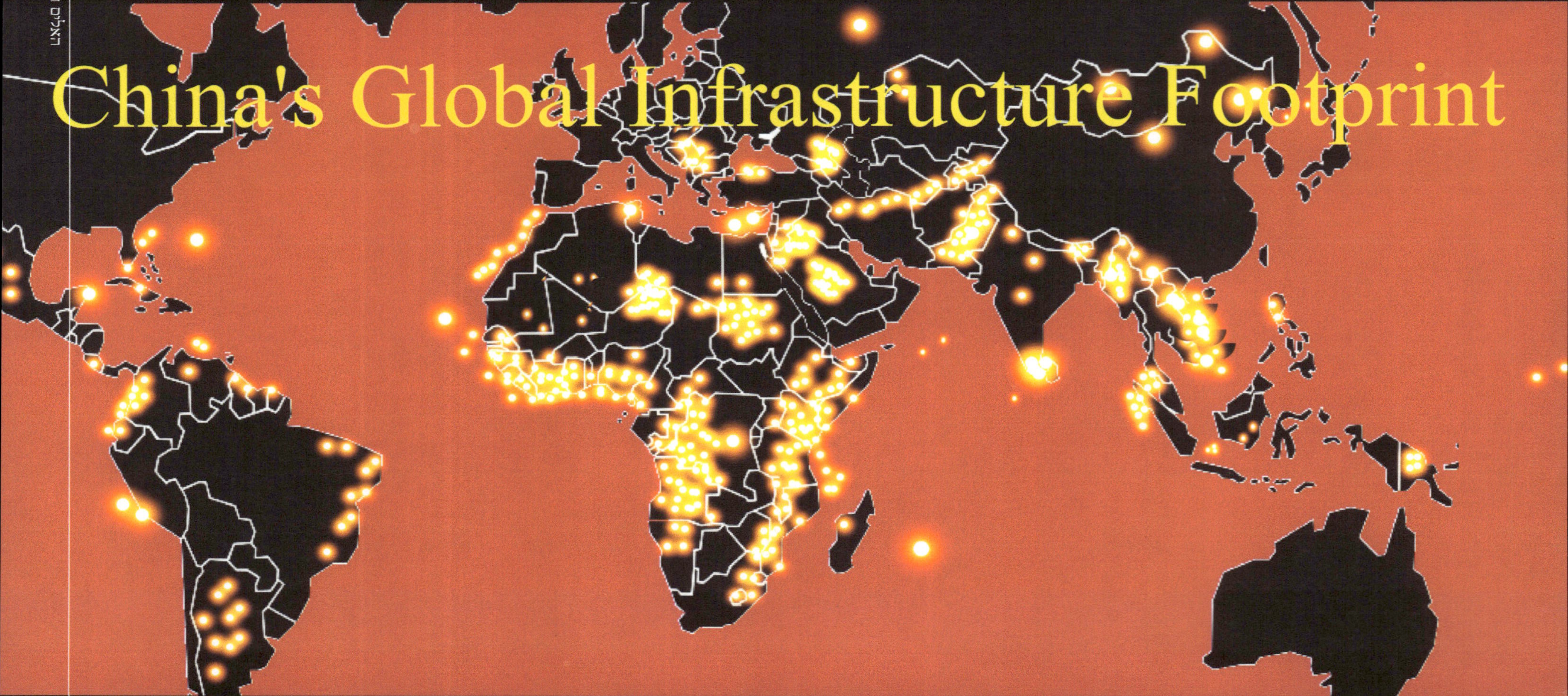

משאבי ידע הם עמוד השדרה של ארגונים – לא התחייבויות.

> *"מעסיק מיומן יעסיק את החכם, את האיש האמיץ, את צר העין ואת הטיפש. כי החכם נהנה לבסס את הכישרון שלו, האיש האמיץ אוהב להראות את אומץ לבו בפעולה, האדם צר העין ממהר לנצל את היתרונות ולאיש הטיפש אין פחד מהמוות".*
> אמנות המלחמה של סון צו (476-221 לפנה"ס)

המודלים של מקינזי מראים כי עד 2030, 30 עד 40 אחוזים מכלל העובדים במדינות המפותחות יצטרכו לעבור למקצועות חדשים או לשדרג את הכישורים שלהם באופן משמעותי[62]. שינויים מהותיים עומדים לפנינו לגבי כ-60% מהמשרות; מעל 30% מפעולות ההרכבה יהפכו לאוטומטיות. למרבה המזל, על פי המחקר שלהם, עובדים מיומנים במחסור יהפכו נדירים עוד יותר. מגפת הקורונה כבר מאיצה את המעבר לדיגיטציה ואוטומציה.

ארה"ב הייתה בעבר מובילת הידע העולמית בכל דבר, מחקלאות ועד בריאות, ביטחון, אנרגיה ועוד שלל תחומים אחרים. למרבה הצער, כפי שהגרף שלהלן מראה, ההשקעות הפדרליות חוו ירידה ארוכה ויציבה בתוצאה. ההאטה הזו של ההשקעות בארה"ב היא מתכון להאטה הכלכלית והאסטרטגית. בינתיים, סין מאיצה את התחייבויותיה וקוצרת את הפירות.

★ ★

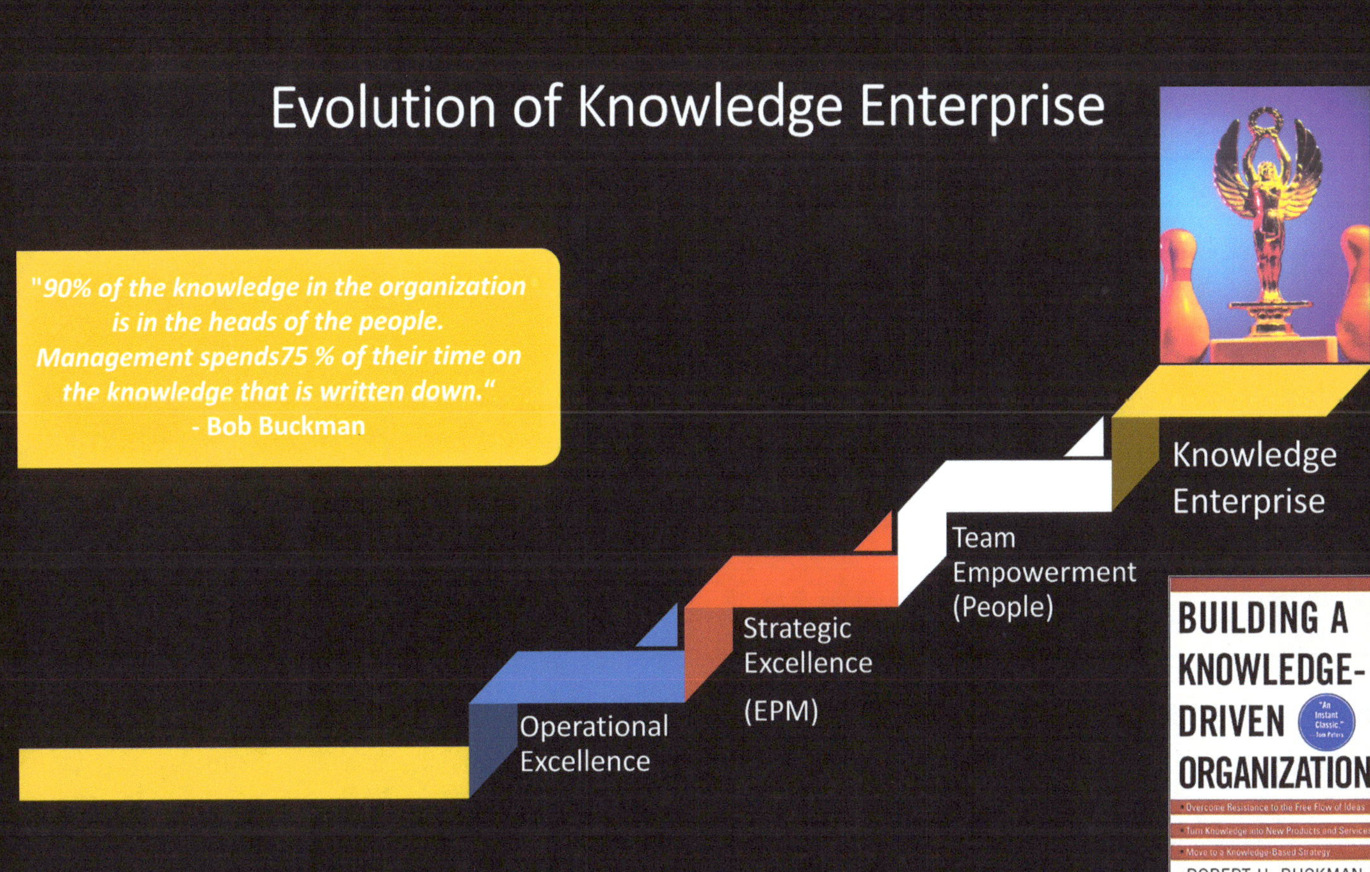
Evolution of Knowledge Enterprise
"90% of the knowledge in the organization is in the heads of the people. Management spends75 % of their time on the knowledge that is written down."
- Bob Buckman
Operational Excellence
Strategic Excellence
(EPM)
Team Empowerment (People)
Knowledge Enterprise
BUILDING A KNOWLEDGE-DRIVEN ORGANIZATION
ROBERT H. BUCKMAN

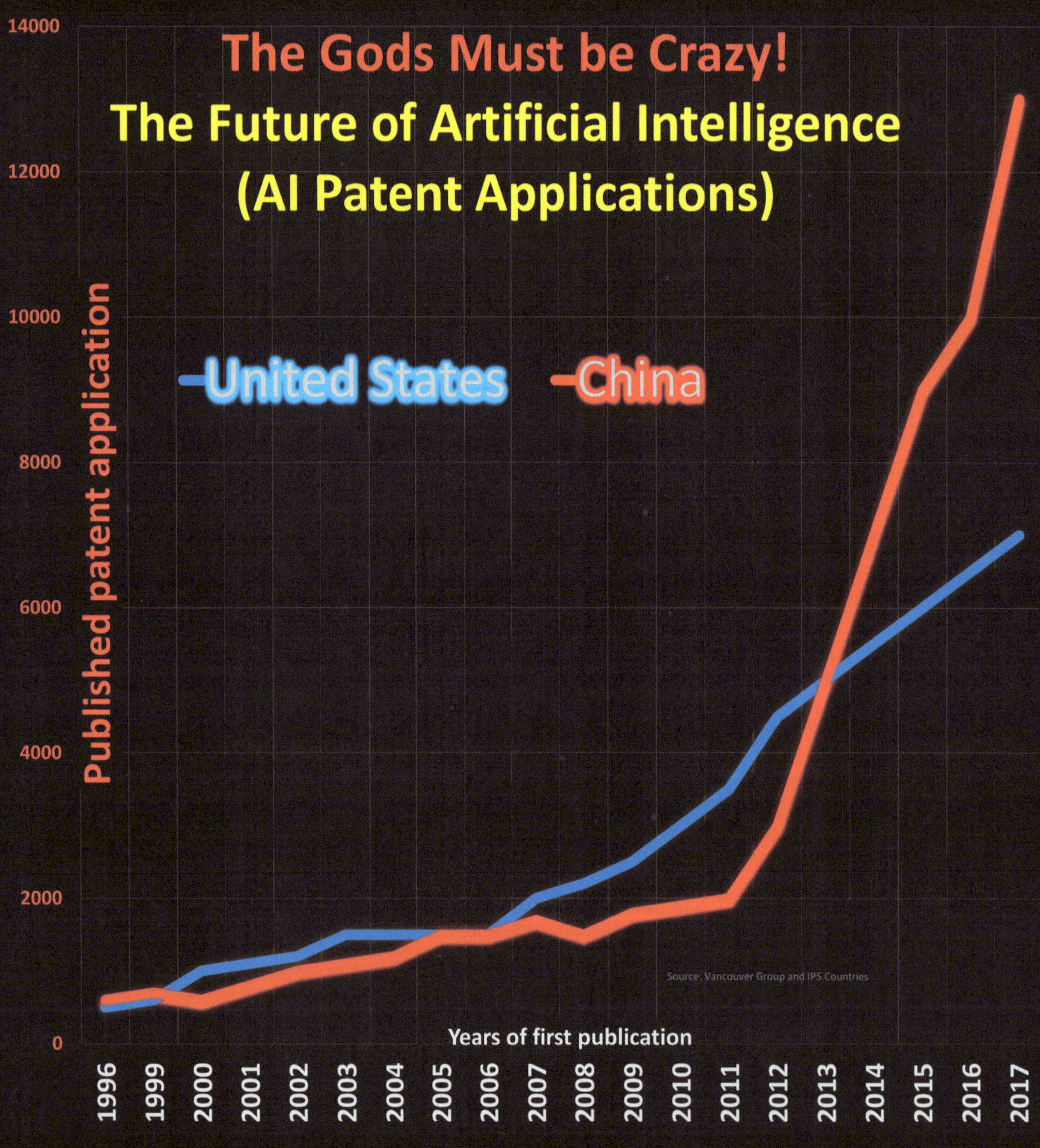
The Gods Must be Crazy!
The Future of Artificial Intelligence
(AI Patent Applications)
United States
China
Published patent application
14000
12000
10000
8000
6000
4000
2000
0
Source: Vancouver Group and IP5 Countries
Years of first publication
1996
1999
2000
2001
2002
2003
2004
2005
2006
2007
2008
2009
2010
2011
2012
2013
2014
2015
2016
2017

7. דיפלומטיה

שמור על החברים שלך קרובים ואת האויבים שלך קרובים אף יותר.
אמנות המלחמה של סון צו (476-221 לפנה"ס)

היום אנחנו צריכים לבנות גשרים דיפלומטיים ולהרוס את החומות, לא לבנות אותן. במקום לסגת ולתת לסין להוביל, עלינו לזנק קדימה כדי לכבוש מחדש את ההובלה על ידי חידוש מוחלט של בריתות הסחר שלנו כמו ארגון הסחר העולמי, הבנק העולמי, קרן המטבע הבינלאומית, האו"ם וארגון הבריאות העולמי, שרוזוולט הקים מיד לאחר מלחמת העולם השנייה. אנחנו צריכים להבטיח את הנהגת השותפות הטרנס-פסיפית (TPP) ולהכין אותה לנקיטת צעדים נגד סין. הסכם השותפות הטרנס-פסיפית היה הסכם סחר מוצע בין אוסטרליה, ברוניי, קנדה, צ'ילה, יפן, מלזיה, מקסיקו, ניו זילנד, פרו, סינגפור, וייטנאם וארצות הברית, שנחתם בשנת 2016. למרבה הצער, הממשל הנוכחי נסוג מהשותפות בשנת 2017, וסין ניצלה את נסיגת ארה"ב.

במהלך שנות רוזוולט, ארה"ב הייתה המדינה המכובדת ביותר בעולם, עם ההשקעות הבינלאומיות המשמעויות ביותר (במונחים של אחוזי תוצר). עד בערך שנות השמונים, היו בבעלות ארצות הברית נכסים זרים יותר מערך נכסים אמריקאים שהוחזקו על ידי זרים. מאז שנות התשעים, בשל התנהלותה המושחתת והמנוונת, ארה"ב מוכרת את נכסיה היקרים לזרים.

נכון ל- 2016, סין (124) היא שותפת סחר מובילה של רוב המדינות. זה יותר מכפליים מארה"ב (56). באופן מדאיג, שגרירויות אמריקאיות מוצעות למכירה לתורמים העשירים. קמפיינים נשיאותיים טיפוסיים עולים מיליארדי דולרים, והכל מוצע למכירה לעשירים ובעלי עוצמה. אנחנו מוציאים כ- 5,000% יותר על תקציב הביטחון מאשר על מחלקת המדינה. אם נצטט את רוברט גייטס (שר ההגנה לשעבר), *"יש יותר להקות צבאיות מאשר אנשים בהרכב שירות החוץ האמריקאי כולו"*.

"מערכות יחסים אופורטוניסטיות יכולות אך בקושי להישמר קבועות. ההיכרות של אנשים מכובדים, גם מרחוק, אינה מוסיפה פרחים בזמנים של חום ואינה משנה את עליה בזמנים של קור: היא ממשיכה ללא שינוי לאורך ארבע העונות, הופכת יציבה יותר ויותר כשהיא עוברת בעיתות רוגע ובסכנה."
אמנות המלחמה של סון צו (476-221 לפנה"ס)

בעבר, ארה"ב הייתה חזקה מאוד כי שאר העולם סמך עליה כאפוטרופוסית של יחסי מסחר. לכן, הם הפקידו בידיה את מכבש הדפסת מטבע הרזרבה המיוחס. אם לא ננצל את יחסי המסחר האלה, הממלכה התיכונה בקרוב תתפוס את הזכות הזו עבורה.

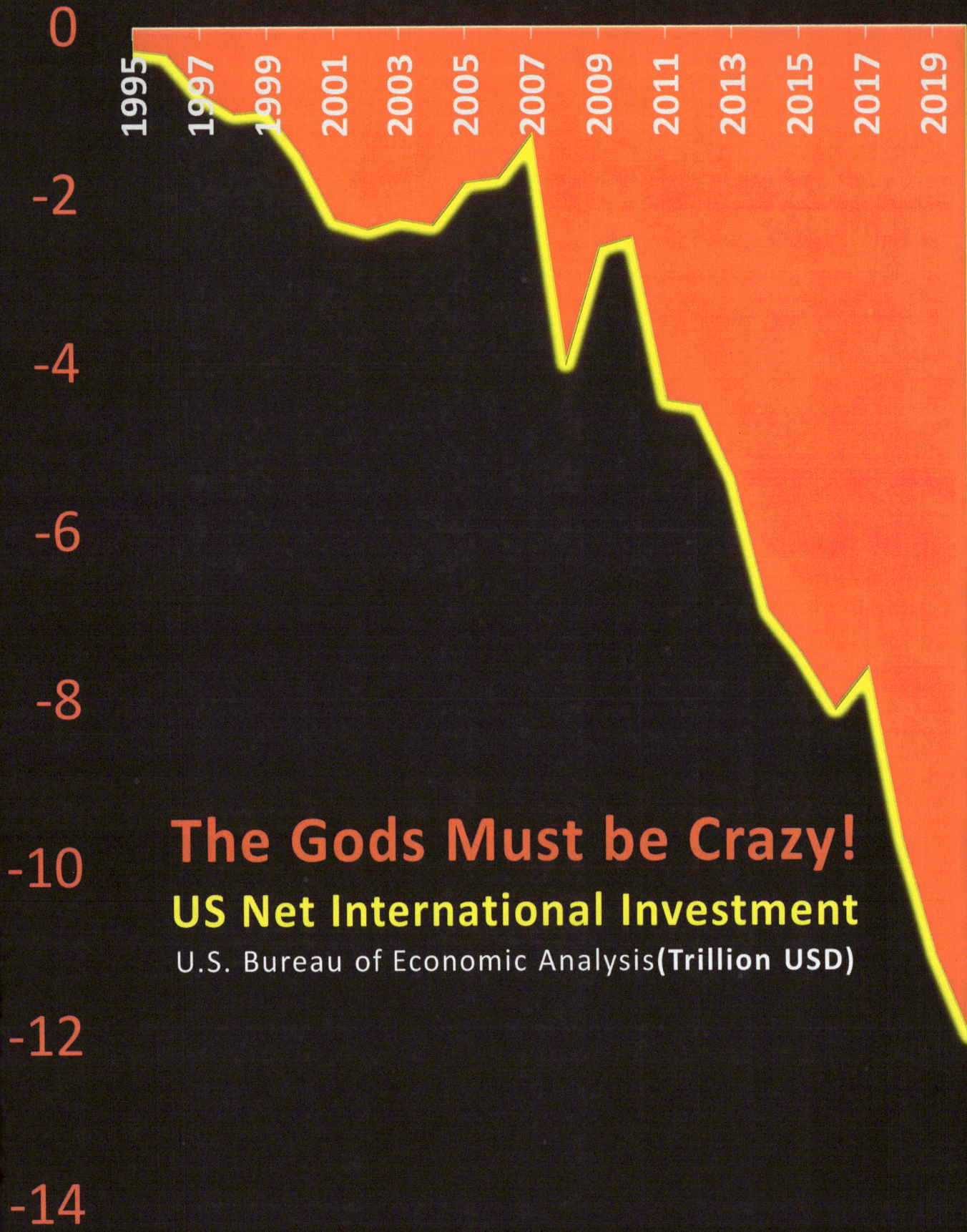

The Gods Must be Crazy!

US Net International Investment

U.S. Bureau of Economic Analysis **(Trillion USD)**

לארה"ב היו יחסים טובים יותר והיא ייצאה יותר מוצרים ושירותים מאשר היא ייבאה עד שנות ה- 70. למרבה הצער, בשני העשורים האחרונים איבדנו את קסם דיפלומטיית הסחר שלנו, והפכנו למגרש גרוטאות נטוש, במיוחד עבור סין, כמו שניתן לראות בגרף.

8. תקן עולמי מקובל לגבי מטבעות

"יצירת מלחמה מנצחת היא כמו איזון מטבע זהב מול מטבע של כסף. יצירת מלחמה אבודה היא כמו איזון מטבע של כסף מול מטבע זהב."
אמנות המלחמה של סון צו (476-221 לפנה"ס)

יתרות רזרבה של מטבעות מעניקות לארגון שלנו את "הזכות האלוהית" ללוות יותר כסף בעלות נמוכה יותר. היא גם מאפשרת לנו להפעיל כוח עצום על כל הפעילות הפיננסית של ארה"ב המתרחשת בעולם, כמו שליטה במ־שטרים באיראן, ונצואלה וצפון קוריאה. הודות לרוזוולט, הדולר האמריקאי הפך למטבע הרזרבה העולמי בשנת 1944. באותה תקופה, ארה"ב הייתה המדינה המשפיעה ביותר מבחינה כלכלית, פיננסית וצבאית. עם זאת, הכוח הרב של מטבע הרזרבה מגיע עם אחריות גדולה עוד יותר.

לפני 75 שנים, כלכלת ארה"ב היוותה כ- 40% מהתמ"ג העולמי. אולם היום היא מהווה פחות מ- 15% משווי כוח הקנייה. בינתיים, סין שועטת קדימה ליותר מ- 20%. הניצול שלנו לרעה של זכויות המשמורת על מטבע הרזרבה פגע במוניטין שלנו. אנחנו חייבים לחפש שיטות חדשות אחרות, אחרת ימי האימפריה שלנו ספורים.

למרבה המזל, 79.5% מכלל הסחר העולמי עדיין מתנהל בדולרים אמריקאים, הודות למצב הרזרבה שלו. במקום לנצל לרעה את מטבע הרזרבה ככלי פוליטי ולהדפיס אותו ללא גבולות, עלינו להחזיר את האמון בדולר האמרי־קאי כמטבע רזרבה לפני שהוא מאבד את המעמד ליואן ולמטבע הקריפטוגרפי הסיני. אנחנו צריכים להתאים את קרן המטבע הבינלאומית, הבנק[63] העולמי ואת המערכת הבנקאית שלנו, כך שיעמדו בקנה אחד עם המרכזים הפיננסיים הסיניים ומטבעות הקריפטו שלהם שצצים. בדומה לשפה האוניברסלית בעולם שנותרה אנגלית, מטבעות רזרביים נוטים להיות בעלי עמידות רבה יותר מכיוון שהרגל השימוש בהם נמשך זמן רב יותר. עם זאת, במוקדם או במאוחר, ברגע ששאר העולם יושפע מהמסחר ביואן הסיני, הזוהר שלהם יתפוגג. גם פייסבוק מזילה ריר מהמחשבה להשתלט באופן דיגיטלי על המכורים אליה באמצעות המטבע הדיגיטלי שלה, הליברה.

9. מטבע דיגיטלי (אלקטרו-דולר)

"בעיצומו של תוהו ובוהו, יש גם הזדמנות."
אמנות המלחמה של סון צו (476-221 לפנה"ס)

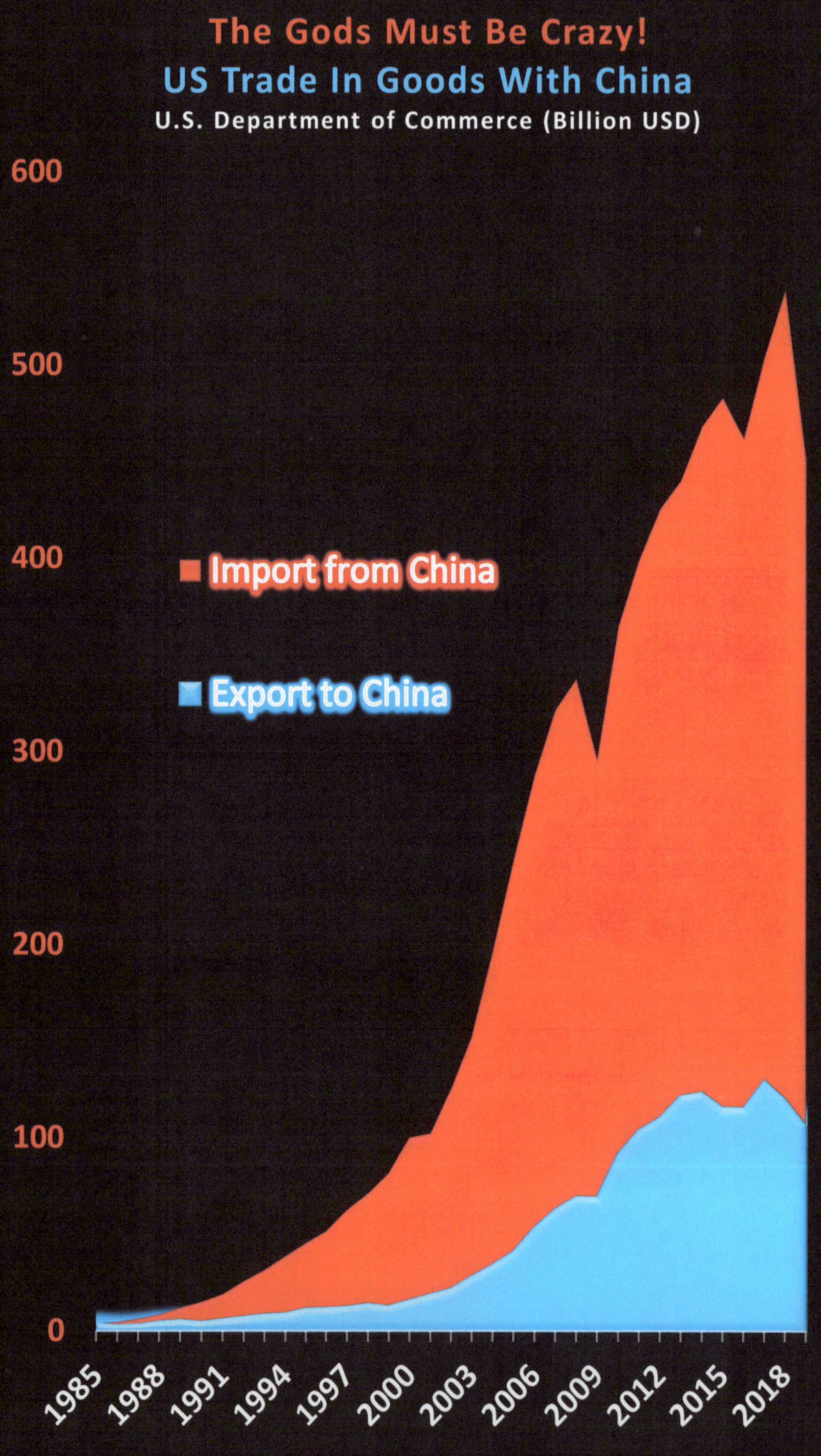

The Gods Must Be Crazy!

US Trade In Goods With China

U.S. Department of Commerce (Billion USD)

600
500
400
300
200
100
0

Import from China

Export to China

1985 1988 1991 1994 1997 2000 2003 2006 2009 2012 2015 2018

במשך למעלה מ- 75 שנים, הן במישרין והן בעקיפין, ארצות הברית שלטה ברוב המימון העולמי. יש לנו השפעה רבה כזו בגלל מצב רזרבת המטבע שלנו והשליטה שלנו על מוסדות כמו האגודה לתקשורת פיננסית בין-בנקאית ברחבי העולם (SWIFT).

בשנת 2019 הקים האיחוד האירופי את INSTEX, כדי להקל על ביצוע עסקאות שאינן דולריות ואינן עסקאות SWIFT (העברת מט"ח בינלאומית) עם איראן על מנת להימנע מהפרת הסנקציות האמריקאיות. INSTEX היא סוג של מערכת חליפין המאפשרת לחברות באיחוד האירופי, ואולי גם לשאר העולם, לעקוף את המערכת הפיננסית האמריקאית על ידי ביטול תשלומים חוצי גבולות מבוססי SWIFT בדולרים. כאשר שלוש בעלות ברית משמעותיות לטווח ארוך של ארה"ב (גרמניה, צרפת ובריטניה) עושות זאת כיום על מנת לסחור עם איראן, זוהי יריית אזהרה מסוכנת. עלינו להכיר בה כאיום לא רק נגד מדיניות ארה"ב, אלא כמבשרת את הסוף של מעמד הדולר כמטבע הרזרבה. עסקת הסחר בין סין לאיראן יכולה להיות נקובה גם ביואן, ומדינות רבות אחרות, כמו הודו, תלכנה אף הן בעקבותיה בקרוב. סין היא חברה סגורה אך יש לה גישה עסקית פתוחה, והיא בוחנת את המ־ערכת האמריקאית בהרחבה לפני שהיא מבצעת את המהלכים האסטרטגיים שלה. נראה שהחברה הקפיטליסטית הפתוחה שלנו נעה לעבר סגירה קיצונית. אנחנו חסרי אחריות עם החריגות שלנו וחסרים חשיבה אסטרטגית ארוכת טווח לחלוטין. הגיע הזמן שנכיר בשותפים האסטרטגיים שלנו שעזרו לנו להפוך למעצמה.

מאז הצונאמי הכלכלי של 2008 איבדה סין אמון במוסדות המערביים והחלה לבחון פתרונות חלופיים. היא יצרה את מערכת התשלומים הבין-בנקאית חוצת הגבולות (CIPS). סין הקימה מוסדות מגה פיננסיים אלטרנטיביים הממוקמים בסין כמו בנק ההשקעות בתשתיות אסיה (AIIB) והבנק החדש לפיתוח (NDB, שנקרא בעבר BRICS Bank), כחלופה לקרן המטבע הבינלאומית ולבנק העולמי שהוקמו על ידי ארה"ב. הסינים פיתחו גם מערכות תשלומים דיגיטליות מתקדמות יותר כמו WeChat ו-Alipay, שיש להן כשני מיליארד משתמשים פעילים, שמספרם יגדל באופן אקספוננציאלי ברגע שייעשה שימוש במערכות אלה בפלטפורמת דרך המשי הדי־גיטלית (DSR).

בזמן שנלחמנו בקורונה ובתסיסה אזרחית, הסינים השיקו את רשת שירות הבלוקצ'יין (BSN). "יואן דיגיטלי" זה הוא מערכת אקולוגית (רשת יציבה דינאמית של חברות ומוסדות מחוברים זה לזה בתוך שטח גיאוגרפי מוגבל) הגדולה בעולם של בלוקצ'יין, מה שהופך את סין לכלכלה הגדולה הראשונה שהנפיקה אלקטרו-דולר לאומי (מטבע דיגיטלי). רשת שירות הבלוקצ'יין (BSN) ידועה בשם *התשתית של התשתיות*. מערכת אקולוגית זו של הפצת בלוקצ'יין ללא הרשאה מאפשרת שילוב אנכי של מערכי נתונים גדולים במיוחד (ביג דאטה), תקשורת 5G, IoT תעשייתי, מחשוב ענן ובינה מלאכותית. טכנולוגיה פיננסית זו תספק גם כמנוף ליישומים שונים אחרים. רשת שירות בלוקצ'יין (BSN) הייתה המטרה העיקרית כעצב הכלכלי של דרך המשי הדיגיטלית (DSR) על ידי הקמת הפלטפורמה לקישוריות עם כל השותפים של יוזמת החגורה והדרך של סין.

בהתבסס על דו"ח של ג'יי פי מורגן, *"אין מדינה שיש לה יותר מה להפסיד מפוטנציאל ההפרעה של מטבע דיגיטלי מאשר ארצות הברית."* למרבה הצער, הפלטפורמה הפיננסית המיושנת שלנו, המנוהלת על ידי וול סטריט, פרוצה לשיבושים דיגיטליים. אם לא ננקוט בפעולה מיידית, הסינים יכבשו ללא רחמים את המערכת המיושנת שנבנתה לפני יותר מ- 75 שנים.

3
The Gods Must Be Crazy!
Government Research and Development
Percent of Gross Domestic Product
2.5
2
US
CHINA
1.5
1
0.5
0
1996
1997
1998
1999
2000
2001
2002
2003
2004
2005
2006
2007
2008
2009
2010
2011
2012
2013
2014
2015
2016
2017
2018
2019

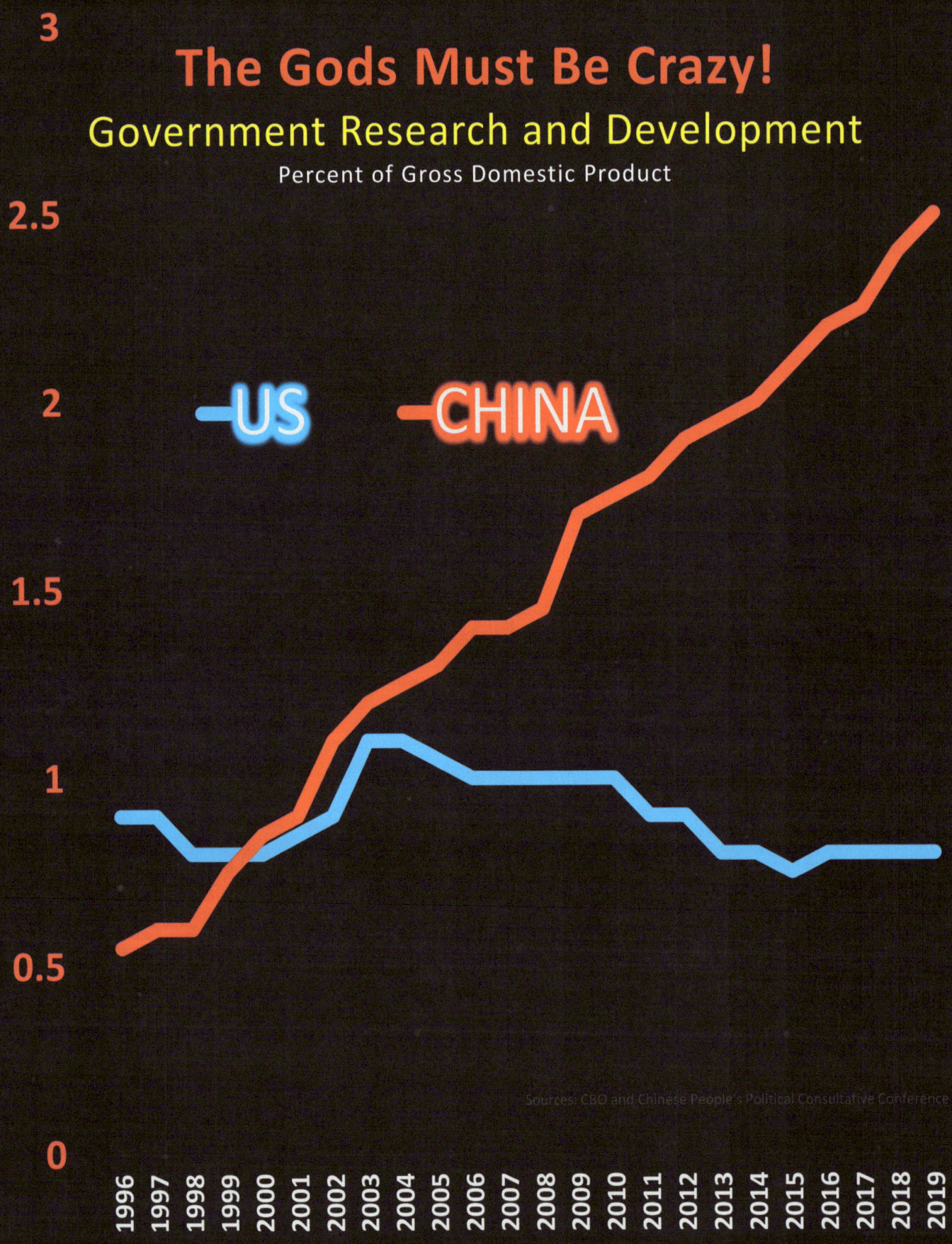

Sources: CBO and Chinese People's Political Consultative Conference

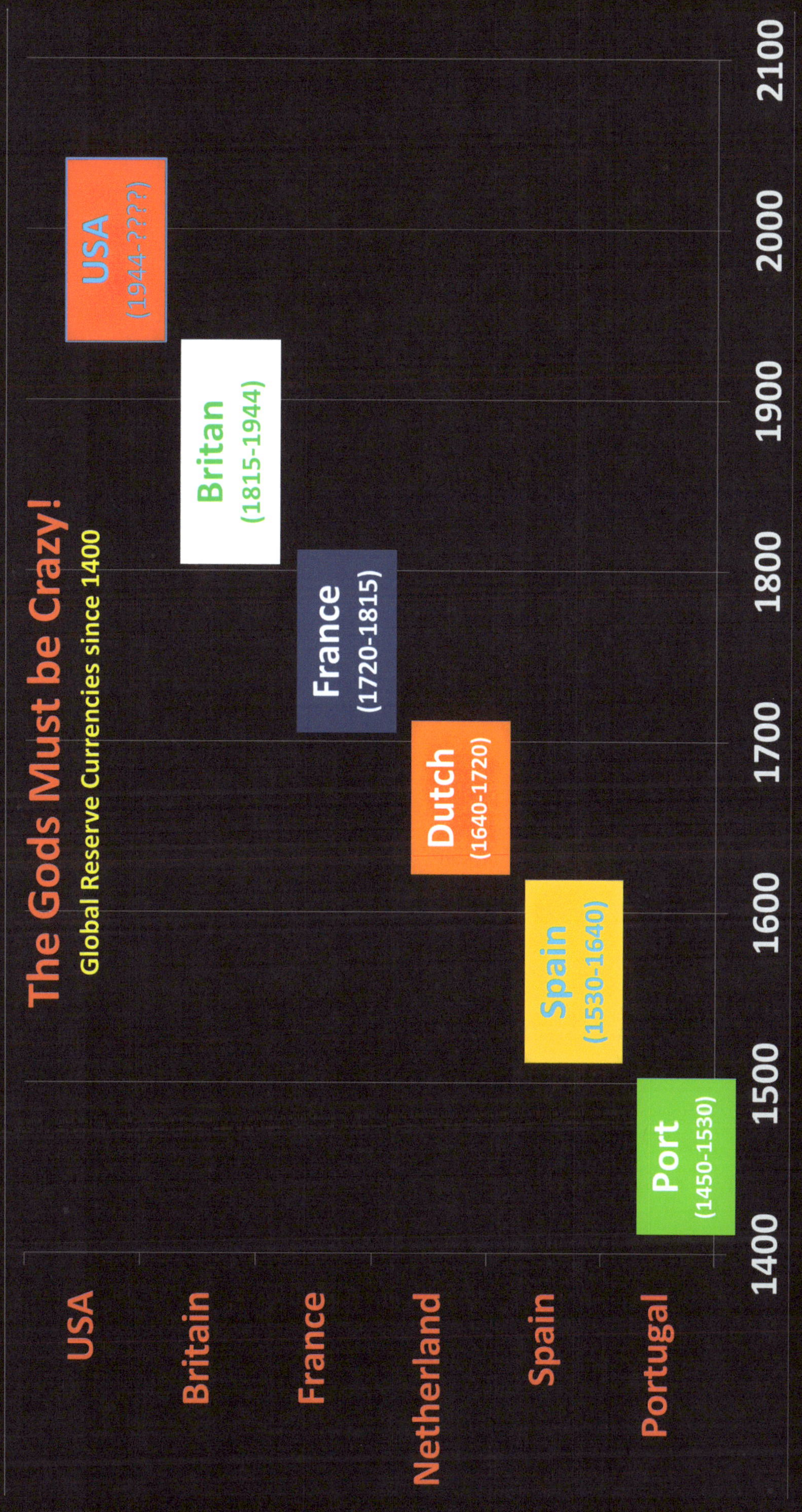
The Gods Must be Crazy!
Global Reserve Currencies since 1400
USA
Britain
France
Netherland
Spain
Portugal
Port
(1450-1530)
Spain
(1530-1640)
Dutch
(1640-1720)
France
(1720-1815)
Britan
(1815-1944)
USA
(1944-????)
1400
1500
1600
1700
1800
1900
2000
2100

10. הון פיננסי

"מי שרוצה להילחם חייב קודם לדעת את העלות".
אמנות המלחמה של סון צו (476-221 לפנה"ס)

ניו יורק הייתה בעבר מרכז העצבים הפיננסי של העולם, ושימשה כמהנדסים האחראים של העולם החופשי. למרבה הצער, בשל הנדסה פיננסית קיצונית, ניו יורק הופכת לקטקומבות הקפיטליזם.

מצד שני, סין מפתחת במהירות את המרכז הפיננסי שלה מחוץ לשנחאי, מה שממוטט בהתמדה את השפעתה של ארה"ב. מספר החברות הציבוריות בארה"ב נמצא בירידה מתמדת מאז שהגיע לשיאו בסוף שנות ה- 90. מספר זה התכווץ מ- 7,000 לפחות מ- 3,000 כיום [64]. ירידה זו היא שוב תוצאה של ההנדסה הפיננסית שלנו באמצעות הון פרטי, מיזוגים, רכישות והוצאת נכסים מחוץ למדינה.

בינתיים, באותה תקופה, שוק המניות הסיני גדל מאפס קרוב ל- 5,000. בארה"ב, הנתון ירד ביותר מ- 50%. בינתיים, סין ראתה קצב צמיחה בשיעור של 1000% ב- 25 השנים האחרונות.

"יש לי שלושה אוצרות שאני שומר ומעריך: אחד הוא טוב לב, השני הוא חסכנות, והשלישי הוא אי התיימרות לקבל עדיפות על פני אחרים. בטוב לב אפשר להיות אמיץ, בחסכנות אפשר להושיט יד, ועל ידי אי התיימרות לקבל עדיפות אפשר לשרוד ביעילות. אם אדם מוותר על טוב לב ואומץ, מוותר על חסכניות ונדיבות, ומוותר על ענווה לטובת תוקפנות, הוא ימות. שימוש בטוב לב בקרב מוביל לניצחון, שימוש בטוב לב בהגנה מוביל לביטחון".
אמנות המלחמה של סון צו (476-221 לפנה"ס)

הבלגן של המערכת הקפיטליסטית הנוכחית שלנו בה כל אחד דורך על האחר, מונחת לפתחן של ועדות פעולה פוליטיות ולוביסטים מוושינגטון הבירה. רבות מחברות ההשקעה הפרטיות ואמצעי השקעה אחרים ממומנים על ידי סין וקרנות עושר ריבוניות אחרות ממדינות זרות, שארה"ב אינה בראש מעייניהן. שודדי תאגידים ונשרי גורדון גקו אלה מחפשים כסף מהיר. הרוב המכריע של עסקאות אלה נעשה בין מחשבים ומבוסס על אלגוריתמים ללא עקרונות כלל. הם בושה וחרפה. כדי לשמור ולקיים, ראשית, עלינו לאסור את קיום ועדות הפעולה הפוליטיות. המצב בו יש מעבר תפקידים בין פוליטיקאים ללוביסטים בביצה (וושינגטון הבירה), שמשחיתים ומתעללים במערכת, צריך להיחקר.

- עלינו לקחת את ההובלה בבניית מוסדות פיננסיים רב-צדדיים הדומים לבנק ההשקעות בתשתיות האסייתי (AIIB) כדי להתמודד עם דיפלומטיית מלכודת החובות בשווי 10 טריליון דולר של סין, דרך החגורה והמשי של הדור הבא ופרויקטי תשתית היי-טק אחרים. במקום להתמקד באופן פנימי, כפי שעושות חברות סיניות, עלינו לצאת מאזור הנוחות של מגדל השן שלנו ולהתרחב למקומות חדשים, במיוחד במדינות מתפתחות, למען הישרדותנו.

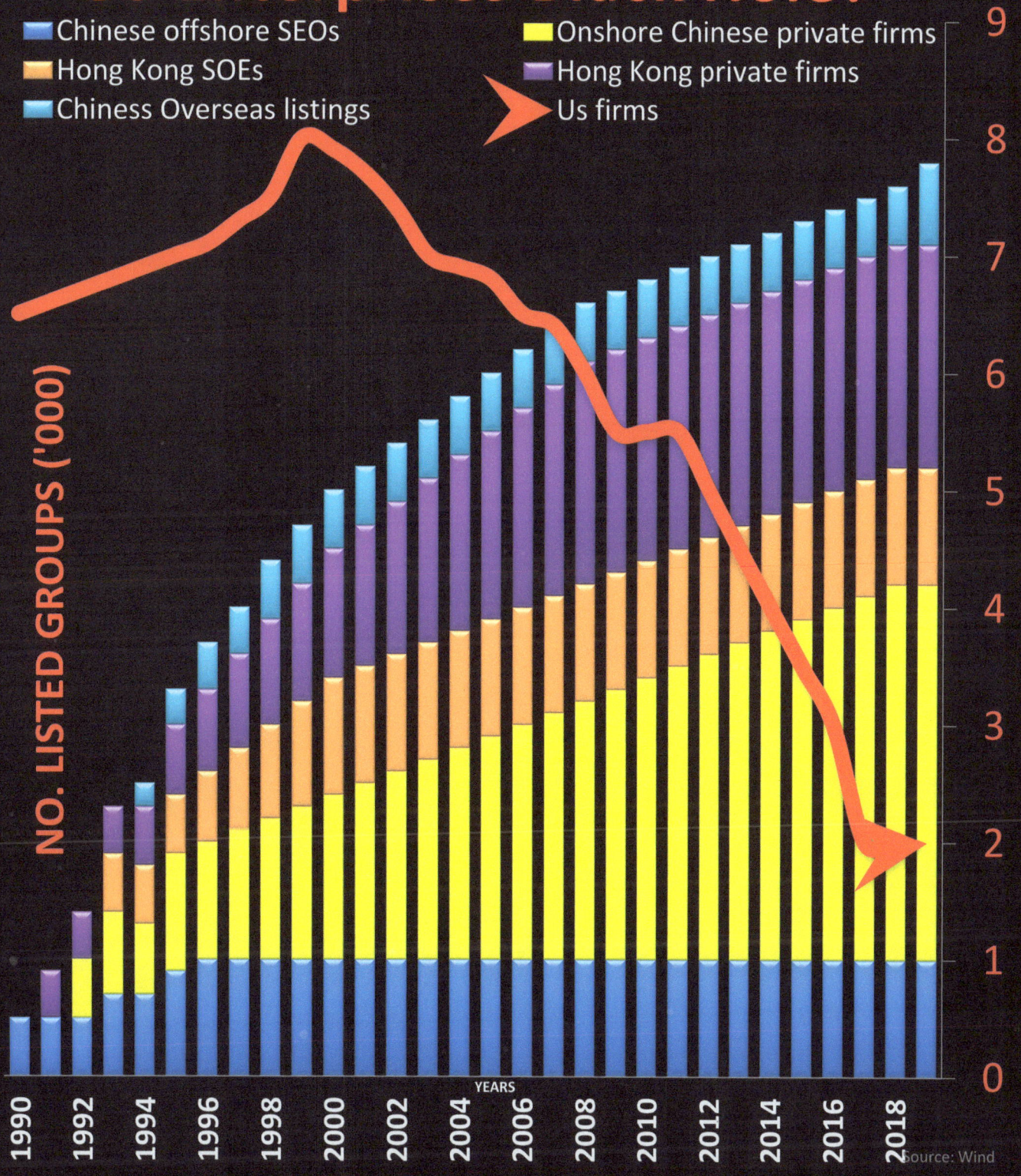

The Gods Must be Crazy!

Catacomb of Capitalism?

US Enterprises Black Hole?

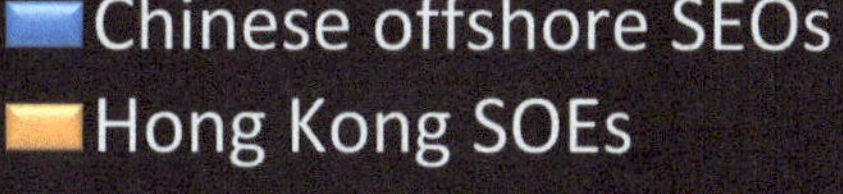

NO. LISTED GROUPS ('000)

0 1 2 3 4 5 6 7 8 9

YEARS

1990 1992 1994 1996 1998 2000 2002 2004 2006 2008 2010 2012 2014 2016 2018

Source: Wind

- אנחנו צריכים לנתח את ההשפעה של תוצאות רבעוניות בוול סטריט, רכישות חוזרות של מניות, מדיניות ההשקעות של גורדון גקו למיניהם ועסקאות השקעה פרטיות. הממשלה צריכה לעקוב מקרוב אחר פעילויות סרטניות כאלה.
- אנחנו צריכים להציע בונוסים ארוכי טווח ומבוססי ביצועים למנהלים – לא מבוססים על מחיר מניה לטווח קצר, שהורס את היסודות של מאזן מצוין.
- ובנוסף, עלינו להחרים את ההון הפרטי של קרנות ההון העטות על חברות במצוקה. הן נוטות להקריב את המאזנים הגדולים של טרפם עבור תאוות הבצע לטווח הקצר שלהן.

11. ביטחון

"לניצחון יש חמישה יסודות:
1 זה היודע מתי להילחם ומתי לא להילחם - ינצח.
2 זה היודע איך להתמודד עם כוחות עליונים ונחותים כאחד - ינצח
3 זה שאותה רוח התלהבות שורה בכל שורותיו - ינצח.
4 זה אשר הכין את עצמו ומחכה להביס את האויב כשהוא אינו מוכן - ינצח.
5 זה שיש לו יכולת צבאית והריבון לא מפריע לו - ינצח".

אמנות המלחמה של סון צו (476-221 לפנה"ס)

אנחנו עדיין חבורה של בושמנים שבטיים לוחמים, שבמקרה לובשים חליפות מהודרות ונעליים נוצצות. המשילות בין 195 מדינות מאתגרת, וארגונים כמו האו"ם, ארגון הסחר העולמי ועוד, הם בעיקר דמויות. הכוח הגולמי ועוצמת כוח הזרוע הם חשובים ביותר. מעמד המעצמה שלנו והמתחם הצבאי-תעשייתי הם קריטיים להגנה על נתיבי הסחר והארגונים שלנו מפני השפעה זרה ברחבי העולם ואפילו בחלל. לצבא ארה"ב יש בסיסים ב- 70 מדינות, וזה חיוני גם לשמירה על האינטרסים שלנו.

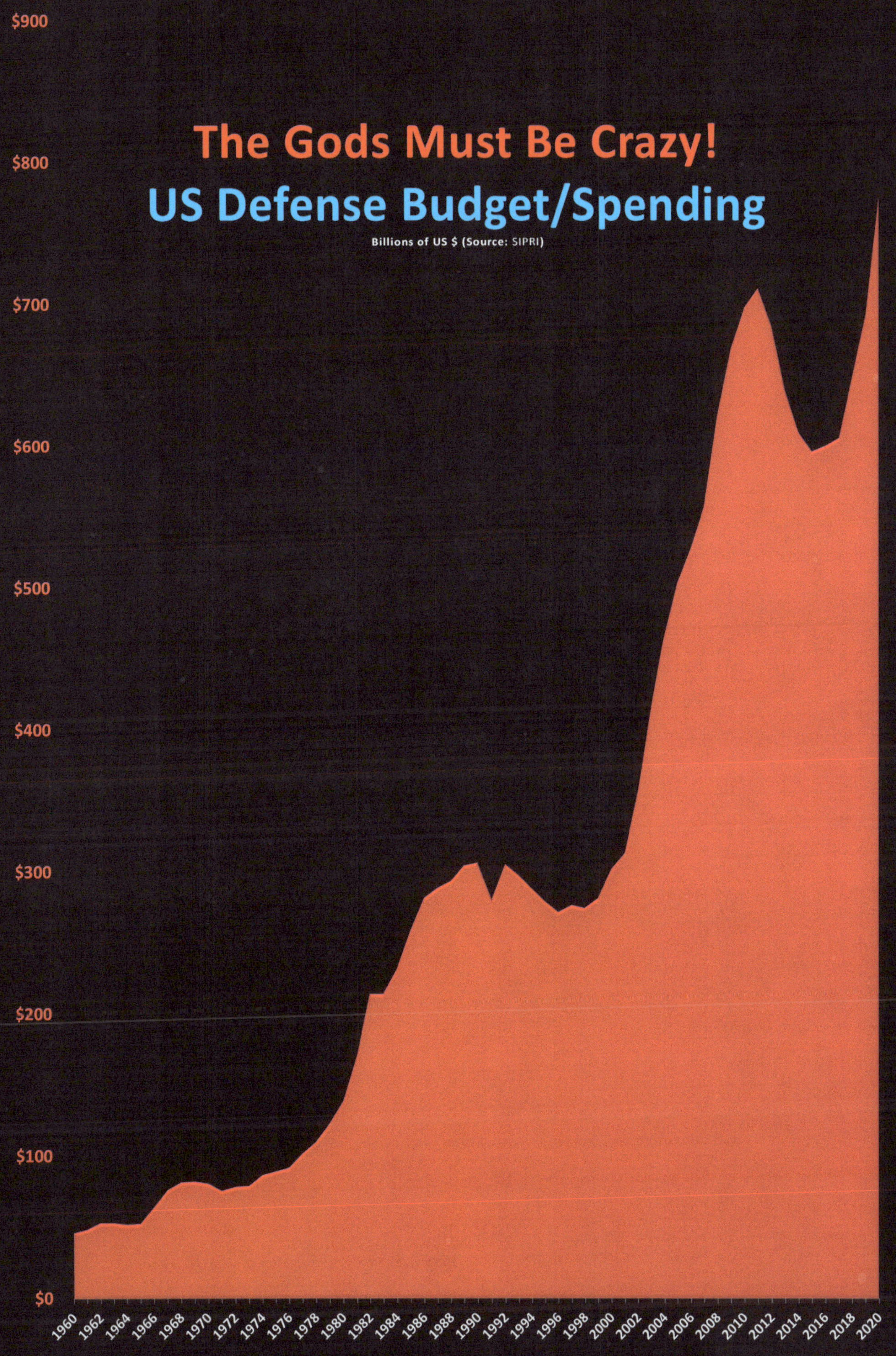

The Gods Must Be Crazy!

US Defense Budget/Spending

Billions of US $ (Source: SIPRI)

$900
$800
$700
$600
$500
$400
$300
$200
$100
$0

1960 1962 1964 1966 1968 1970 1972 1974 1976 1978 1980 1982 1984 1986 1988 1990 1992 1994 1996 1998 2000 2002 2004 2006 2008 2010 2012 2014 2016 2018 2020

למרות שאני לא מומחה צבאי, הייתי יועץ במגזר ההגנה האווירית במשך השנים האחרונות. בהתבסס על המחקר של אוניברסיטת בראון (רווחי מלחמה: תאגידים שהרוויחו לאחר זינוק ההוצאות של הפנטגון לאחר 9/11)[65], כמעט מחצית מ- 14 טריליון הדולר שהפנטגון הוציא מאז ה- 9/11 הלכו לקבלני הגנה מורכבים של התעשייה הצבאית למטרות רווח. קבלנים אלה הוציאו 2.5 מיליארד דולר על שתדלנות, יותר מאחד לכל חבר קונגרס (כ- 700 לוביסטים). מגמה זו מקורה בסגן הנשיא דאז דיק צ'ייני, המנכ"ל לשעבר של הליברטון. הליברטון קיבל מיליארדים כדי לעזור להקים ולהפעיל בסיסים, להאכיל חיילים ולבצע עבודות אחרות בעיראק ובאפגניסטן עד 2008. כשליש מחוזה הפנטגון הוצע לחמישה תאגידים גדולים בלבד (לוקהיד מרטין, בואינג, ג'נרל דיינמיקס, ריית'און ונורת'רופ גראמן). חלק מתאגידים אלה נמצאים בבעלות קרנות עושר ריבוניות, כולל ערב הסעודית, שעשויות להיות מעורבות בפיגועי 9/11[66]. הוועדה לחוזי מלחמה בעיראק ובאפגניסטן העריכה בין 30 ל-60 מיליארד דולר של בזבוז, הונאה וניצול לרעה ב- 2011 בלבד. בזמן שצבא ארה"ב נסוג מעיראק ומאפגניסטן, עכשיו סין היא המטרה שלהם להצדיק כמעט טריליון דולר של הוצאות ביטחון אמריקאיות מדי שנה. לפי הדו"ח, "כל חבר קונגרס שלא יצביע עבור הכספים שאנחנו צריכים כדי להגן על המדינה הזאת יחפש עבודה חדשה אחרי נובמבר הבא".[67]

בכל שנה מוציאה ממשלת ארה"ב כטריליון דולר על הגנה, שזה יותר מעשר המדינות הבאות יחד. עם זאת, רבות ממערכות ההגנה שלנו מיושנות ואפילו לא מתפקדות. לדוגמה, מאות, אם לא אלפים, של טייסי חיל האוויר מטיסים מטוסים שנבנו לפני לידתם, שרבים מהם אפילו לא ראויים לטיסה.

"מלכת הצי האמריקאי, והמרכז של הצי החזק ביותר שהעולם ראה אי פעם, נושאת המטוסים, נמצאת בסכנה להפוך להיות כמו ספינות הקרב שהיא תוכננה במקור לתמוך בהן:

גדולה, יקרה [בשווי של מעל 10 מיליארד דולר], פגיעה

– ובאופן מפתיע לא רלוונטית לקונפליקטים של התקופה.

....

צריך כמעט 6,700 גברים ונשים כדי לאייש אותן, עולה בערך 6.5 מיליון דולר ליום כדי להפעיל כל התקפה".

סרן הנרי הנדריקס, ד"ר יו.אס.אן, מרץ 2013

לחלופין, סין מוציאה את הדולר היקר שלה על טילים היפר-קוליים מתוחכמים שהופכים את הצצעועים המ־פוארים של ארה"ב לחסרי הגנה. הטילים הבליסטיים DF-26 הסיניים, שכל אחד מהם עולה רק מאה אלף דולר, יכולים להטביע את "הברווזים היושבים" של ארה"ב שכל אחד עולה מעל ל- 10 מיליארד דולה.

ארה"ב פועלת בחוסר היגיון, ומחקה את ברית המועצות עם דוקטרינת יום הדין שלה, המונעת על ידי כמה קבו־צות אינטרס ספציפיות בעלות השפעה מהתעשייה בשווי 2 טריליון דולר וכתות בדואיות אורתודוקסיות[68]. ייתכן שאין הצדקה להוצאות הביטחון של ארה"ב על פי האסטרטגיה הרציונלית הטובה ביותר עבור אזרחי ארה"ב. במקום זאת, חלק גדול מהן עשוי להיות תוצאה של שתדלנות של קבלני הגנה. קבלנים אלה משפיעים על חברי הקונגרס על ידי כך שהם בונים את ארגוני הייצור והבסיסים במחוזותיהם (ובכך משפיעים על התעסוקה). הסינים צוחקים עלינו בעודנו לוגמים מהגביע הפיננסי המורעל הזה של הוצאות בזבזניות שחלק גדול מהן ממומן מכסף

שלוו מהם. זה גם הפך לנשק הקרוי על שמם (כאויב מספר 1), אך לעולם לא ישמש נגדם. משקיעים מוסדיים סיניים מטעם המדינה תורמים משמעותית לסוגי השקעה רבים, לרבות חברות השקעות פרטיות, שבבעלותן קבלני ביטחון. למרבה האירוניה, לחלק מקרנות ההון העטות על חברות בקשיים, יש בעלות לפחות בחלק מקבלני ההגנה העיקריים שלנו.[69]

"כשאנחנו תולים את הקפיטליסטים
הם ימכרו לנו את החבל בו אנו משתמשים".

ג'וזף סטלין

★ ★

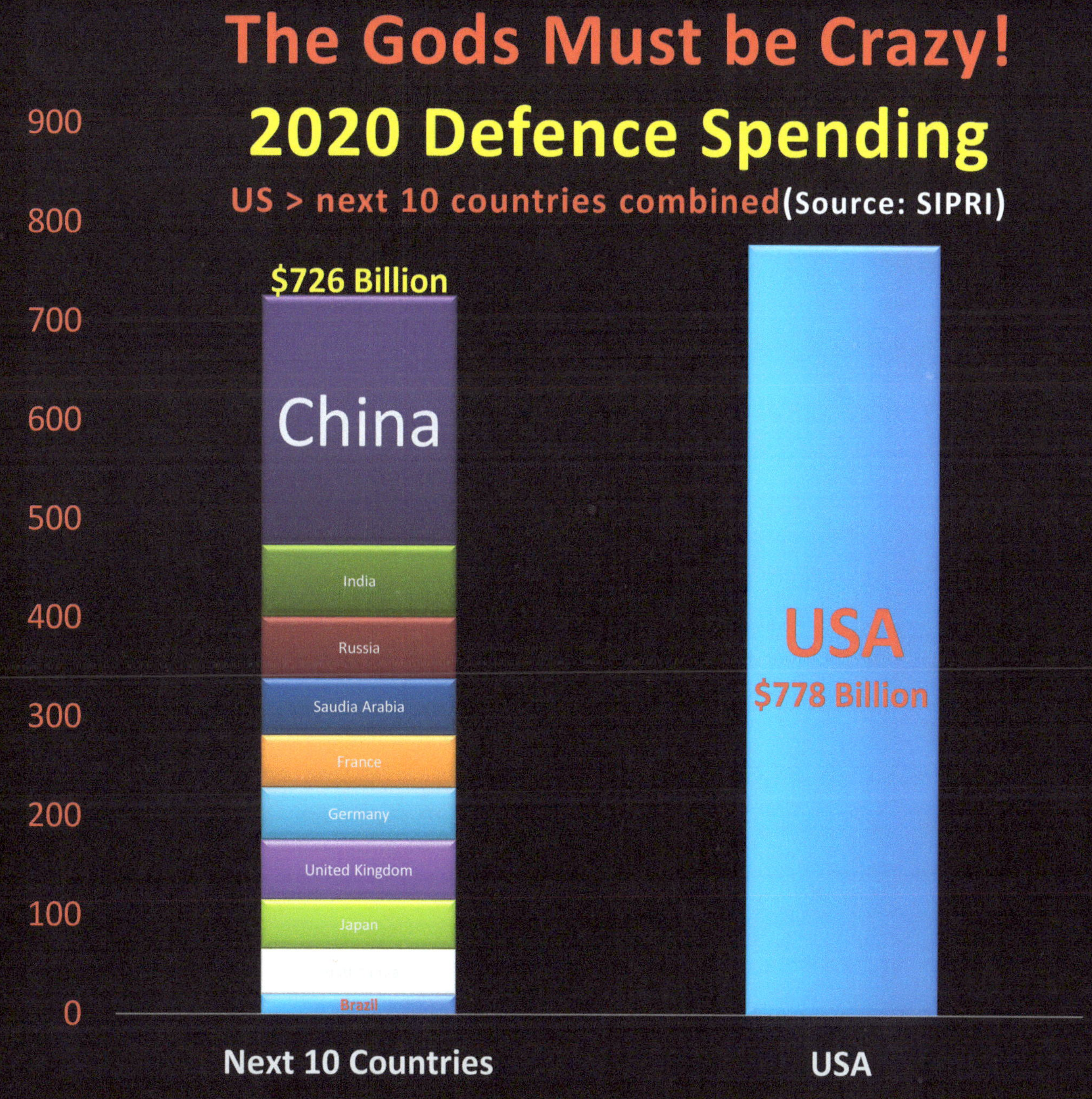

The Gods Must be Crazy!

2020 Defence Spending

US > next 10 countries combined (Source: SIPRI)

900
800
700
600
500
400
300
200
100
0

$726 Billion
China
India
Russia
Saudia Arabia
France
Germany
United Kingdom
Japan
Brazil

USA
$778 Billion

Next 10 Countries
USA

כמו הסובייטים שהיו עדים לסוף האימפריה שלהם על ידי הסתבכות חד-צדדית בסכסוכים פוליטיים מיותרים, כך גם אנחנו שופכים את דמנו ואוצרותינו היקרים. למרבה האירוניה, אנחנו החקיינים, עושים את אותן טעויות כמו הרוסים באפגניסטן. אי אפשר לכבוש את האפגנים, הפרסים. אלכסנדר הגדול, ג'ינגיס חאן, בריטניה והרוסים נכשלו כולם. לאחרונה, במדבריות שסועות המלחמה של המזרח התיכון, בזבזנו 5 טריליון דולר על מעורבות במלחמות הבדואים השבטיות.

הרפתקנות תוססת לא רציונלית זו היא מתנה לסין. סין ממוקדת אסטרטגית, והיא גדלה בצורה המרהיבה ביותר במהלך השנים האחרונות שלנו, בהשראת הטיפשות שלנו. מאז שארה"ב מייצאת נפט, אין שום ערך אסטרטגי למזרח התיכון מלבד קורבנות ואובדן אוצרות יקרים. לסיכום, אנו מגנים על אספקת הנפט לסין, בדומה למה שקרה באפגניסטן ובפקיסטן, בכך שאנו עוזרים לסין לזכות באינטרסים המסחריים שלה.

★ ★

The Gods Must be Crazy!
2020 US Defense Spending
Catacomb of Capitalism: Little R&D?

Source: OMB (Office of Management and Budget)

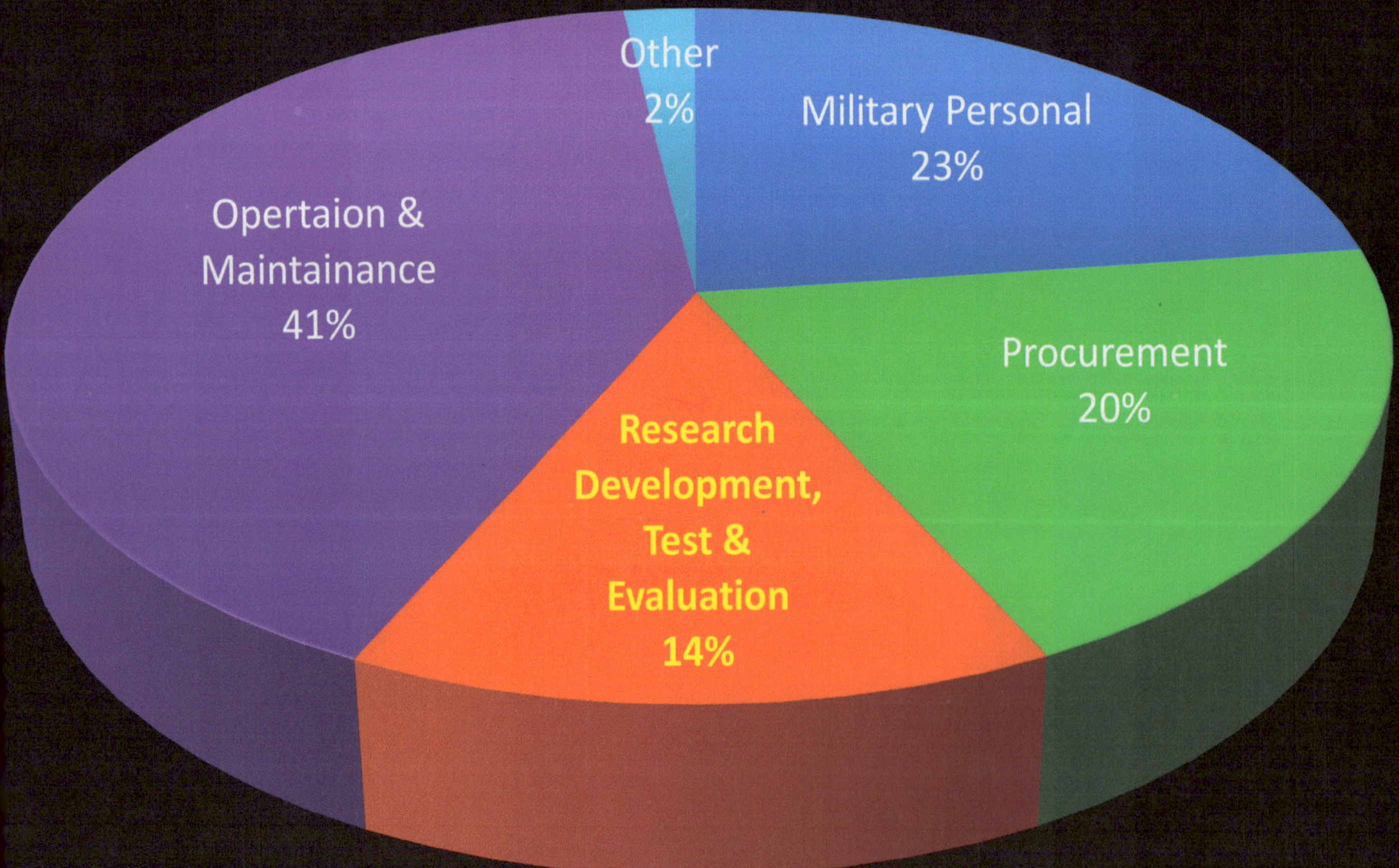

בינתיים, סין היא רציונלית ופועלת בתבונה כפי שאמריקה עשתה בעבר בימי רוזוולט (או אפילו המלחמה הקרה), וארגנה בריתות גלובליות. אין לוביסטים בסין, ומתקבלות החלטות רציונליות למען האינטרסים הביטחוניים והמסחריים ארוכי הטווח שלהם.

אנחנו צריכים לעדכן לחלוטין את הצבא ולהכין אותו למלחמות של המחר, לא למלחמה המקובלת הפרהיסטורית של העבר, עם שותפויות ציבוריות-פרטיות בדיוק כפי שעשה פרנקלין רוזוולט. אנחנו צריכים שיהיו לנו אנשי חזון כמו פרנקלין דלאנו רוזוולט כדי להתכונן ולנצח במלחמת העולם השלישית, שמתבשלת כעת, כפי שעשה פרנקלין דלאנו רוזוולט בשנת 1942, שחזונו ניצח במלחמת העולם השנייה.

אם לא נהיה אסטרטגיים וחכמים, לא נוכל לעמוד מול מערכות הביטחון הסיניות המודרניות. התרשים שלהלן מראה שארה"ב בקושי מוציאה כסף על המחקר העתידני הדרוש כדי לשרוד את הקרב. אם לא נהיה זהירים ואסטרטגיים, ההרפתקנות הצבאית הניצית והחריגות שלנו ישפילו אותנו בחצר האחורית של הממלכה התיכונה. אנחנו נלחמים את המלחמות של המחר עם האסטרטגיה והנשק של האתמול.

12 אסטרטגיות דיגיטליות ומפת הדרכים שתוביל לשינוי:

כדי להצליח, עלינו לספוג את רוחה של אסטרטגיה כוללנית מקיפה.
אסטרטגיה כוללנית מורכבת מהתענגות מכוחן של נורמות (צדק מוסרי), שמים, אדמה (סביבות פיזיות), מנהיגות ולבסוף שיטה ומשמעת (הערכת יכולת צבאית, פוטנציאל כוח יחסי).
ברגע שכל האלמנטים מתחברים, מדינה יכולה ליהנות מאסטרטגיה גדולה להצלחה.
עובד מתוך "אמנות המלחמה" של סון צו (221-476 לפנה"ס)

במהלך 100 הימים הראשונים של רוזוולט בתפקיד, הוא יצר את סוכנויות האלפבית, הידועות גם בשם סוכנויות "ניו דיל". לפחות 69 משרדים נוצרו במהלך כהונתו הארוכה של רוזוולט כחלק מה"ניו דיל". ישנם שלושה סניפים של הממשלה, והרשות המבצעת שולטת ברוב הסוכנויות הפדרליות. תחת הרשות המבצעת יש 15 מחלקות מנהלים וכ- 254 תתי סוכנויות. הקונגרס גם הקים כ- 67 סוכנויות עצמאיות ויותר מתריסר ממועצות וועדות קטנות יותר.

העץ נרקב מהשורשים. טרמיטים מושחתים שורצים כיום ברוב ענפי הממשל האמריקאי ובסוכנויות של המאה ה- 19. האנליסט ג'יימס א. ת'רבר העריך, כי מספר הלוביסטים הפעילים קרוב ל- 100,000 וכי התעשייה המושחתת הזו מכניסה 9 מיליארד דולר בשנה[70]. זה יותר מהתמ"ג (2018) של יותר מ- 50 מדינות החברות באו"ם. לאחרונה, פעילות השתדלנות גדלה ו"יורדת למחתרת" כאשר לוביסטים משתמשים ב"אסטרטגיות מתוחכמות יותר ויותר" כדי לטשטש את פעילותם. אפילו הצדק עומד למכירה דרך כספי תרומות אפלים לקמפיינים במיליוני דולרים[71]. פסק הדין של בית המשפט העליון משנת 2010 הכשיר גל עצום של הוצאות קמפיין שהיו לא אתיות ומושחתות בצורה יוצאת דופן בכל קנה מידה שיפוטי. וול סטריט הוציאה שיא של 2 מיליארד דולר בניסיון

להשפיע על הבחירות לנשיאות ב- 2016 בארצות הברית. שתדלנות היא צורה משפטית מפוארת של שוחד או סחיטה, ובכל חלק אחר של העולם, זה נקרא שחיתות.

המערכת הבירוקרטית הנוכחית תמיד שירתה את מטרתה, במיוחד במאה הקודמת בהנהגת הרוזוולטים בעלי הכ־וונות הטובות. למרבה הצער, ארגונים חשובים רבים הפכו לצפרדעי מדינה בביצת שמן הנחשים[72] (הונאות) של וושי־נגטון הבירה. מהן האסטרטגיות והמדיניות שלנו, בהתחשב בכך שאסונות גיאופוליטיים וכלכליים אחרונים החלישו מהיסוד רבות מהמערכות הללו? האם יש לנו חזון ומפת דרכים אסטרטגית להתמודד עם הסדר העולמי המשתנה הזה? אנו חיים בעידן רב מימדי חדש שבו רבות מהתקנות המסתוריות של העבר צריכות להשתנות על מנת להתאים לסדר העולמי הדיגיטלי של המאה ה- 22.

★ ★

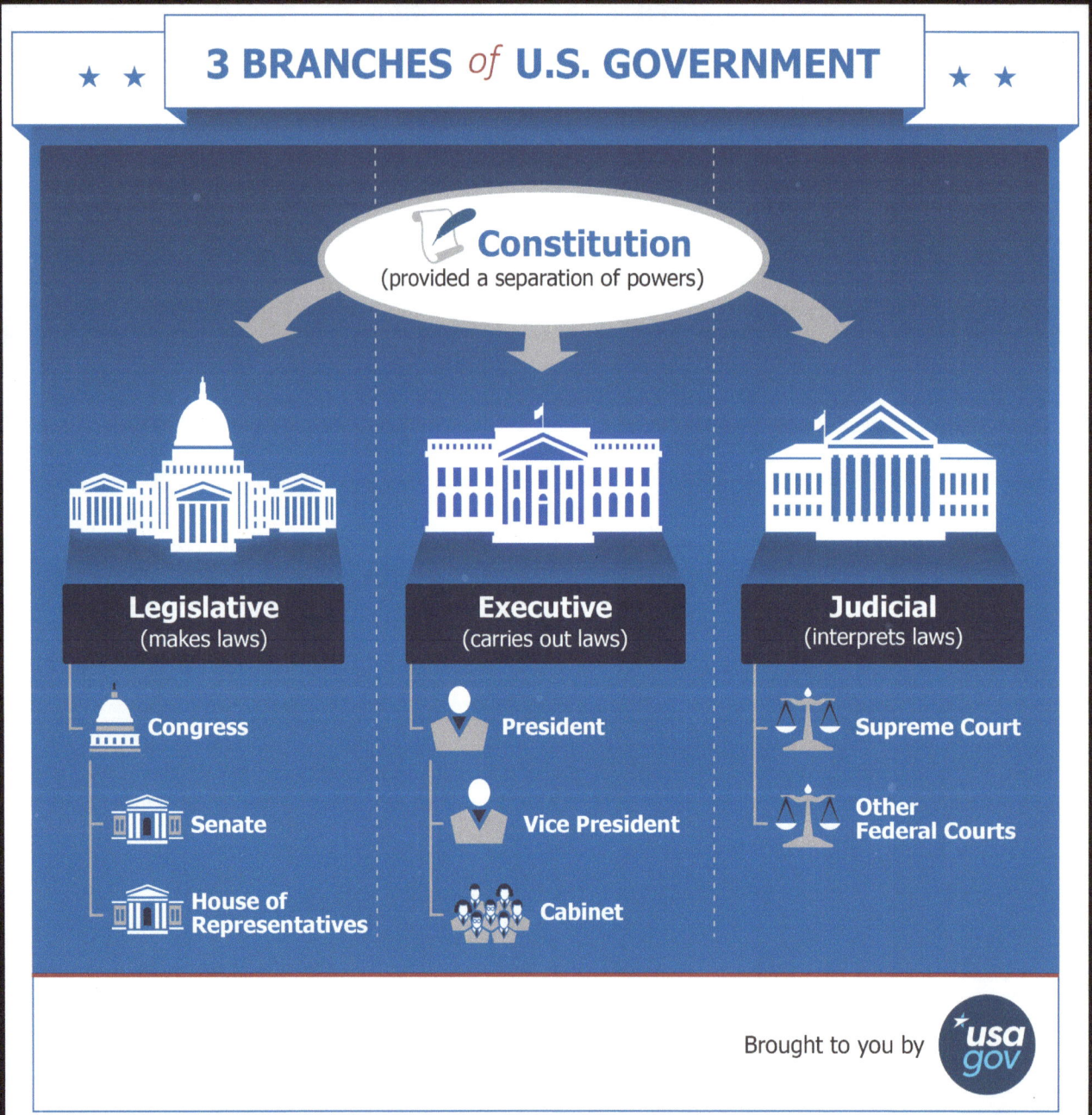

3 BRANCHES *of* U.S. GOVERNMENT

Constitution
(provided a separation of powers)

Legislative (makes laws)	**Executive** (carries out laws)	**Judicial** (interprets laws)
Congress	President	Supreme Court
Senate	Vice President	Other Federal Courts
House of Representatives	Cabinet	

Brought to you by usa gov

"אם אויבך בטוח בכל הנקודות, הייה מוכן לקראתו. אם הוא בכוח עליון עליך, התחמק ממנו. אם היריב שלך הוא הפכפך, נסה להרגיז אותו. העמד פנים שאתה חלש, כך שהוא יהפוך ליהיר. אם הוא חש בנוח, אל תיתן לו מנוחה. אם כוחותיו מאוחדים, הפרד ביניהם. תקוף אותו מהמקום בו הוא אינו מוכן, התייצב במקום שבו אתה לא צפוי."
אמנות המלחמה של סון צו (476-221 לפנה"ס)

סין היא הציוויליזציה העתיקה היחידה שנפלה ארבע פעמים וחזרה בכל פעם. מאז נפילת הקיסרות בשל מלחמת האופיום הראשונה (1839 עד 1842) וההשפלה שבאה איתה, כל מנהיג סיני ביקש לכבוש מחדש תהילה אבודה בבית ומחוצה לה. החזון של המפלגה הקומוניסטית הסינית (CCP) אינו סוד: שי ג'ינפינג נחוש להפוך את הממלכה התיכונה לגדולה שוב. המפלגה הקומוניסטית הסינית משתמשת באסטרטגיות ומדיניות "גיאו-טכנולוגיות". סין מובילה את הדרך אל עליונות גלובלית באמצעות דרך המשי החדשה (יוזמת החגורה והדרך (BRI)) ודרך המשי הדיגיטלית (DSR), בשווי טריליון דולר, שמטרתן להשתלט כלכלית על אסיה, המזרח התיכון, אפריקה ואירופה. BRI בונה תשתית סחר מקיפה למוצרים סיניים ומציעה את השינוי האסטרטגי ארוך הטווח של סין סביב טכנולוגיות מתקדמות ואינטרסים צבאיים. אלמנטים אלה כוללים תקשורת 5G, רובוטיקה, בינה מלאכותית (AI) והנדסה ימית לאינטרסים ביטחוניים.

במקום טקטיקות הנדסה פיננסית קיצוניות, אנחנו צריכים להתמקד באסטרטגיות הנדסה המייצרות ערך לטווח הארוך. הנדסה המייצרת ערך שצריכה להיות בעלת השראה רבה כך שארה"ב שוב תהפוך להיות מגדלור לעולם. עושר פיננסי הוא רק תוצר לוואי. הדור שלי אכזב את הנוער. הם אינם ערוכים לעידן הדיגיטלי וחסרות להם מיומנויות STEM (חינוך למדע, טכנולוגיה, הנדסה ומתמטיקה) באופן ניכר. אנחנו צריכים להפסיק לקבור את הראש בחול ולהכיר בדינמיקה המשתנה של הסדר העולמי. אם לא נעשה זאת, דרקונים דיגיטליים כמו וואווי, עלי באבא, טנסנט ובאידו יעצבו את העולם, וסין תוודא שהדרקונים האלה ישאירו את טביעת הרגל שלהם במדינות שיושבו כלכלית על ידי הממלכה התיכונה.

בסביבה הפופוליסטית של היום, יהיה מאתגר לארה"ב למצוא מנהיגים כמו הרוזוולטים שיכולים להציל אותה משקיעתה. אני מקווה שזה יהיה פחות טראומטי, ונקבל את המציאות בחינניות כמו שעשו הבריטים כאשר הם העבירו את השרביט אלינו, במקום להיעלם בעמימות.

"סטיב הילטון: הרבה אנשים אומרים שסין רוצה להחליף את ארה"ב כמעצמה... האם אתה מאמין שזו הכוונה שלהם?"
טראמפ: "כן, אני מאמין. למה שזה לא יהיה?
הם אנשים מאוד שאפתנים. הם מאוד חכמים.
הם אנשים נהדרים. זו תרבות נהדרת".

ראיון בפוקס ניוז (19-05-19)

דברי סיום

"המצוינות הגבוהה ביותר היא לנצח בלי להילחם, לא לחסל כל יריב שאתה נתקל בו. מכיוון שהמטרה אינה הרס, אלא נצחון, השארת דברים ללא פגע ממקסמת את הרווחים שלך ועוזרת לשפר את יחסיך עם היריב שלך."

אמנות המלחמה של סון צו (476-221 לפנה"ס)

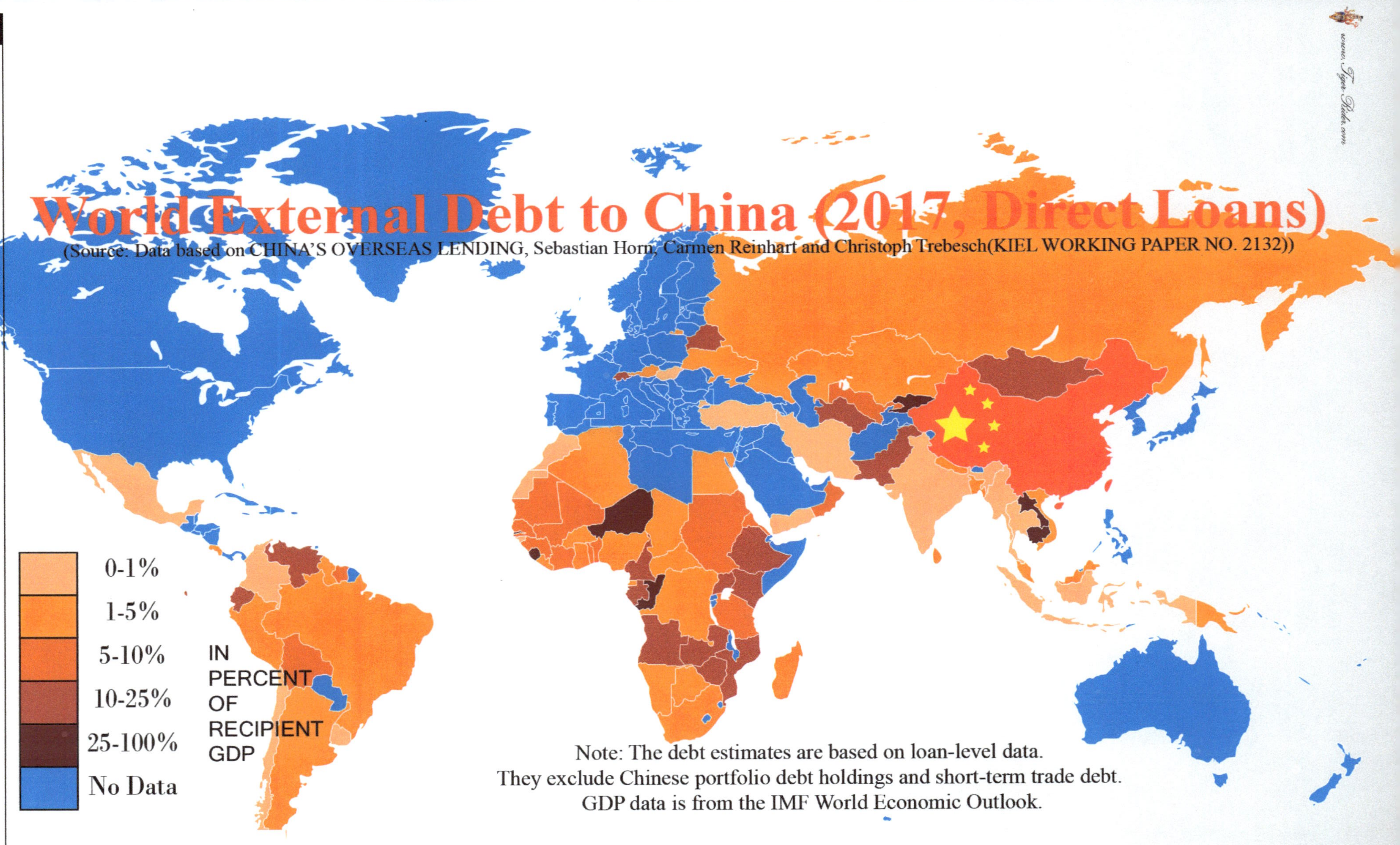
World External Debt to China (2017, Direct Loans)
(Source: Data based on CHINA'S OVERSEAS LENDING, Sebastian Horn, Carmen Reinhart and Christoph Trebesch(KIEL WORKING PAPER NO. 2132))
0-1%
1-5%
5-10%
10-25%
25-100%
No Data
IN PERCENT OF RECIPIENT GDP
Note: The debt estimates are based on loan-level data.
They exclude Chinese portfolio debt holdings and short-term trade debt.
GDP data is from the IMF World Economic Outlook.

טיפלנו בזרו אבל אם לא נשתמש בקלף המנצח שלנו בקרוב, סין תשלח את שכירי החרב שלה לגבות את האגרות מארה"ב וכ- 100 המדינות שהיא התבססה בהן כלכלית ודיגיטלית מאז הצונאמי הפיננסי של 2008.

מגפת הקורונה חשפה את הליקויים שלנו; אפילו על פי חוק ייצור ההגנה הנשיאותי, אנו מוחזקים כבני ערובה של סין בגלל ייצור מסכות הפנים שלנו מתוצרת 3M וציוד מגן הכרחי (PPE).

כלכלת ארה"ב שבנה רוזוולט הייתה כ- 40% (ב- 1960) מהתמ"ג העולמי (התוצר המקומי הגולמי). היא צנחה מתחת ל- 15% משווי כוח הקנייה (PPP), בעוד שסין מגדילה במהירות את חלקה מעבר ל- 20%. הודות למצב הרזרבה שלה, 79.5% מכלל הסחר העולמי עדיין מתנהל בדולרים אמריקאים. עם ההנדסה הפיננסית הקיצונית שלנו, פגענו במוניטין שלנו. אם לא נתאפס על עצמנו ובמהירות, מקומנו כאימפריה והיוזמות שלנו יהיו בסכנת הכחדה.

עכשיו זה לא הזמן לבנות חומה סביב מגדל השן שלנו ולהסתכן במלכודת ההחרמה. אף אדם אוטוקרטי יחיד לא יכול להתמודד עם האתגרים הרב-ממדיים והספירלה המעריכית כלפי מטה הנובעת מברבורים שחורים ב"נורמלי החדש". במקום חד-צדדיות, הגיע הזמן לחדד את כישורינו הרכים, להושיט יד לשאר 96% מהאנושות, ולתכנן מחדש את תיבת נוח היזמית שלנו, כפי שעשה רוזוולט כאשר הוא הוביל אותנו בדרך להפוך למעצמה לפני מאה שנים.

אם ניכשל בכך, כמה פופוליסטים קיצוניים מהשמאל ינקטו בקומוניזם (חלוקה מחדש שווה פחות או יותר של העושר), ורוב הימנים יהפכו למיליציה פשיסטית (קפיטליזם אוטוקרטי הנשלט על ידי המדינה). הישרדותה של חברה אמריקאית שלובה בעלייתו ונפילתו של הסנדק הממנן שלה, האימפריה האמריקאית. היינו עדים לכך במאות האחרונות, עם הארגונים הגדולים ביותר, כגון חברות הולנדיות (כ- 10T דולר) וחברות בריטיות (כ- 5T דולר) במזרח הודו. למרבה הצער, רבים מהדינוזאורים הארגוניים שלנו, העוסקים בהנדסה פיננסית קיצונית, ייפלו קורבן לגניבת קניין רוחני (בעיקר מסין).

אנחנו צריכים ללמוד מאלה הנוקטים בדרכו של רוזוולט, שעיצבו את הבסיס הקפיטליסטי הגדול שלנו שנמשך שלושת רבעי מאה. אנחנו מובילים את הקואליציה להקים "תוכניות מרשל" חדשות כדי להציל את המדינות שסין התיישבה בהן כלכלית ודיגיטלית לפני שיהיה מאוחר מדי.

התוכנית הבסיסית צריכה להתבסס על:

1. מנהיגות
2. חינוך למדע, טכנולוגיה, הנדסה ומתמטיקה
3. מחקר וטכנולוגיה אסטרטגית
4. ארכיטקטורת תשתיות
5. ארכיטקטורה דיגיטלית
6. ניהול ידע
7. דיפלומטיה
8. תקן עולמי מקובל לגבי מטבעות
9. אלקטרו-דולר
10. הון פיננסי
11. ביטחון
12. אסטרטגיות ותקנות דיגיטליות נרחבות

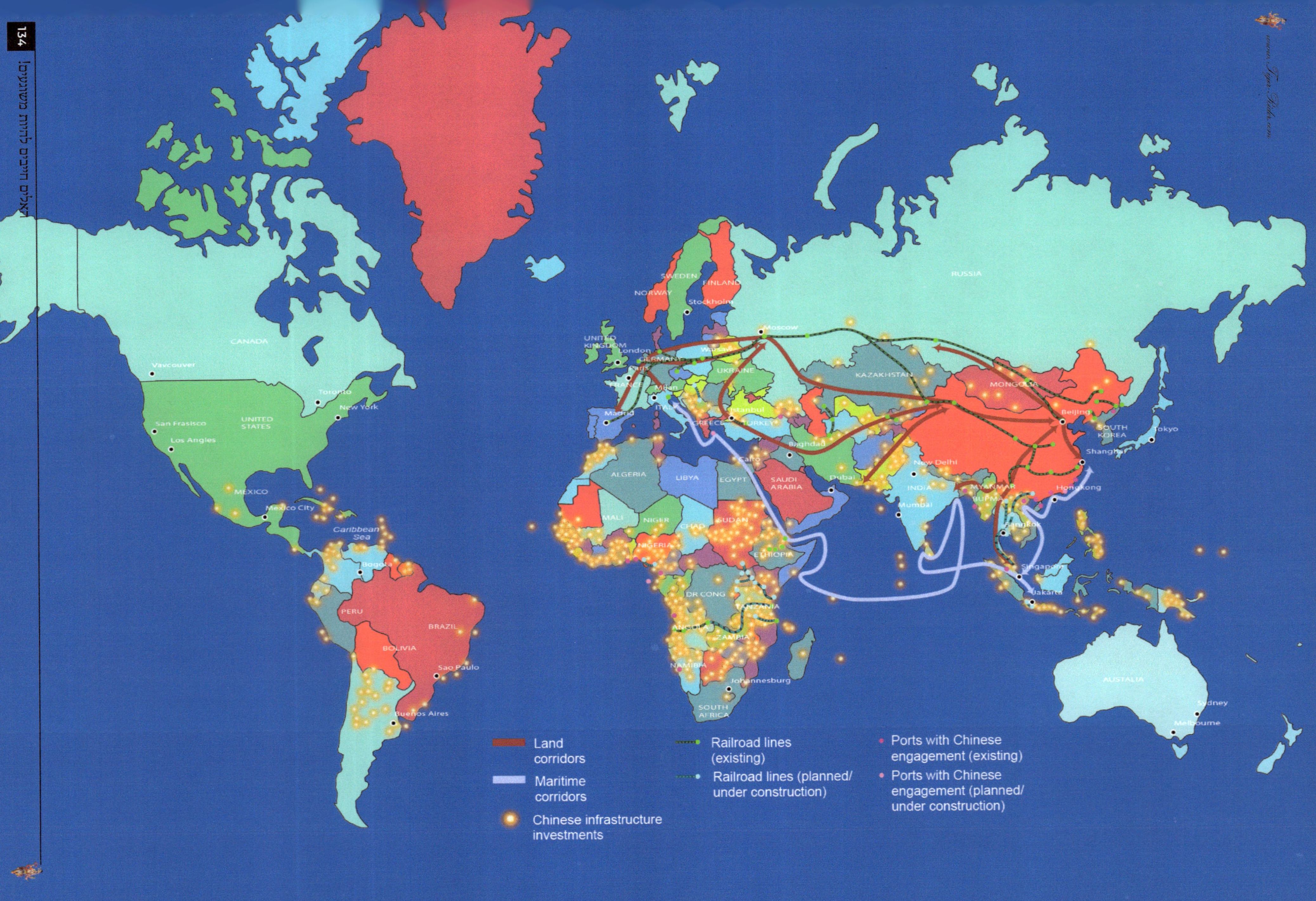

CANADA
Vavcouver
Toronto
New York
UNITED STATES
San Frasisco
Los Angles
MEXICO
Mexico City
Caribbean Sea
Bogota
PERU
BRAZIL
BOLIVIA
Sao Paulo
Buenos Aires
NORWAY
SWEDEN
FINLAND
Stockholm
UNITED KINGDOM
London
GERMANY
Paris
FRANCE
Madrid
Milan
ITALY
Warsaw
UKRAINE
Moscow
RUSSIA
KAZAKHSTAN
MONGOLIA
Istanbul
GREECE
TURKEY
Baghdad
Cairo
ALGERIA
LIBYA
EGYPT
SAUDI ARABIA
Dubai
MALI
NIGER
CHAD
SUDAN
NIGERIA
ETHIOPIA
DR CONG
TANZANIA
ANGOLA
ZAMBIA
NAMIBIA
Johannesburg
SOUTH AFRICA
New Delhi
INDIA
Mumbai
MYANMAR
BURMA
Bangkok
Singapore
Jakarta
Beijing
SOUTH KOREA
Tokyo
Shanghai
Hongkong
AUSTALIA
Sydney
Melbourne
Land corridors
Maritime corridors
Chinese infrastructure investments
Railroad lines (existing)
Railroad lines (planned/ under construction)
Ports with Chinese engagement (existing)
Ports with Chinese engagement (planned/ under construction)

אני אדם שהולך נגד הזרם, שחזה את הצונאמי הכלכלי של 2008, שהיה קל יחסית בהתחשב בכך שהוא הת־רכז בעיקר בארה"ב. הפעם, המצב הוא אימתני ורב מימדים הרבה יותר עם מגיפת הקורונה והתסיסה האזרחית, שמהוות את הברבורים השחורים הגלובליים של הדור הזה. אני מקווה שהפעם אני טועה בניתוח שלי. אני מעביר לך את המחקר והניתוח הזה כדי לאתגר את נקודת המבט הייחודית שלי ולבחון אותה.

עד כה, ארה"ב נתנה מתנות מדהימות לממלכה האמצעית באמצעות ההנדסה הפיננסית הקיצונית שלנו וחניקת אווז הזהב (בגידה בארגונים הרווחיים שלהם בעבור בונוסים אנוכיים). **אם לא נתכנן את העידן הדיגיטלי של המאה ה- 22, תיבת היזמות החדשה הנורמלית של נוח,** אני צופה עתיד המחקה את הרייך הרביעי[73], בו אנו משמשים כעבדים של *האיש במגדל השן*[74], מצב המזכיר את הסרט התיעודי של נטפליקס "הארגון האמריקאי" (*American Factory*)[75].

כן! הגיע זמן המחצית, אמריקה![76]

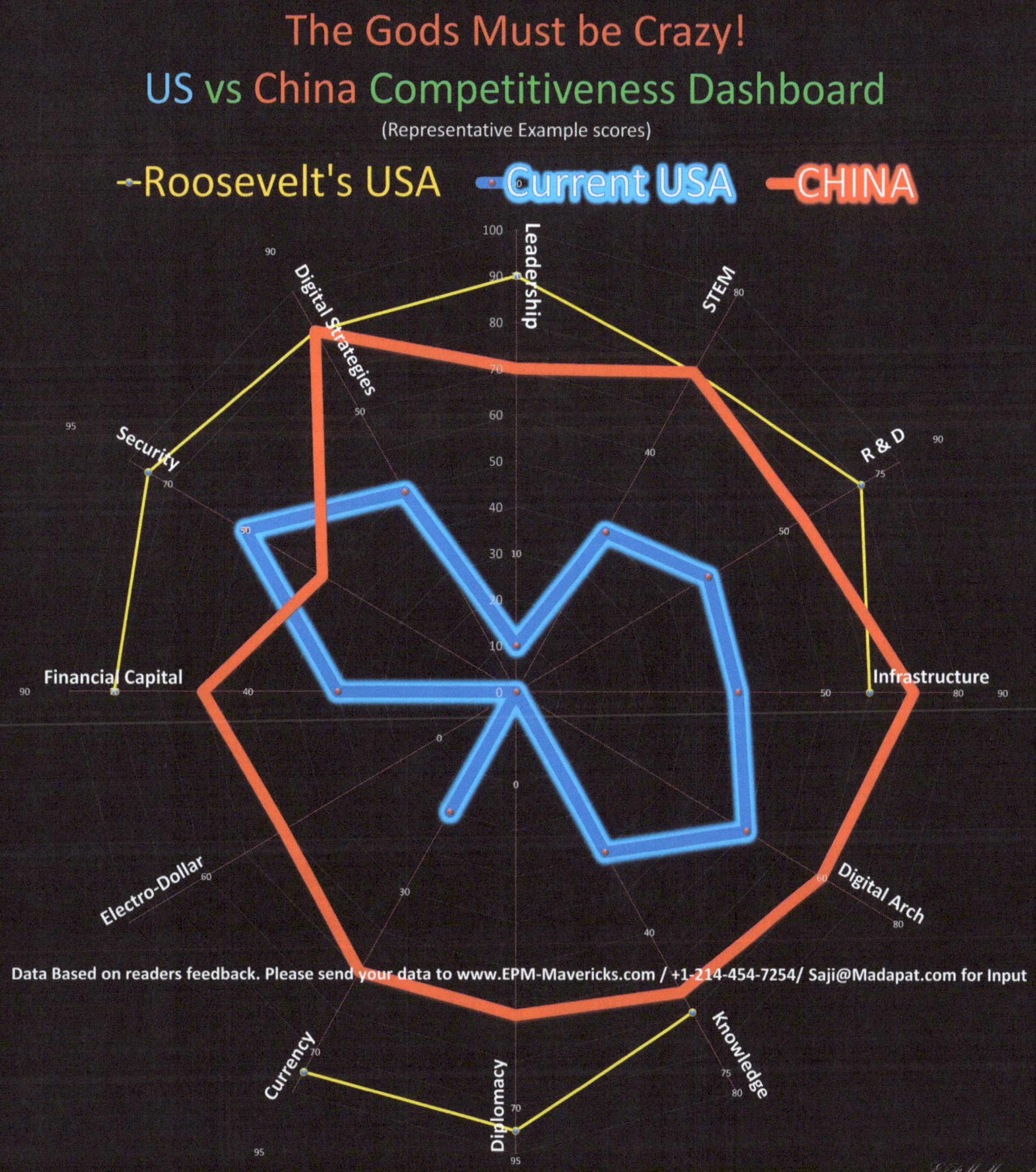

The Gods Must be Crazy!

US vs China Competitiveness Dashboard

(Representative Example scores)

Roosevelt's USA | Current USA | CHINA

Leadership
STEM
R & D
Infrastructure
Digital Arch
Knowledge
Diplomacy
Currency
Electro-Dollar
Financial Capital
Security
Digital Strategies

Data Based on readers feedback. Please send your data to www.EPM-Mavericks.com / +1-214-454-7254/ Saji@Madapat.com for Input

כן! הגיע זמן
המחצית, אמריקה!

Ay Yi Yai Yi! We are in the middle of The New World Order!

אודות המחבר

היסטוריה קצרה של גלגולי הנדודים שלי

★★★★★★★★★★★★★★★★★★★★★★★★★★★★★★★★★★★★★

"להילחם ולכבוש בכל הקרבות אינה מצוינות עליונה; מצוינות עליונה מורכבת משבירת ההתנגדות של האויב מבלי להילחם."
אמנות המלחמה של סון צו (476-221 לפנה"ס)

נולדתי וגדלתי בארץ האלוהים קראלה, גן עדן טרופי בהודו. אנו, תושבי קראלה, חסידיו של סנט תומאס, השליח, שהתחנך על ידי מיסיונרים נוצרים שהובאו על ידי מתיישבים מפורטוגל, צרפת, ובריטניה. 100% אוריינות וסטנ־דרטים חינוכיים גבוהים בקראלה הובילו לתנועות פרוגרסיביות רבות, כולל קומוניזם. לקראלה יש שיאים ייחודיים רבים, כגון מודל שיעור התאוששות גבוה יותר מאשר רוב מדינות המערב ממגפת הקורונה. המקום הראשון בהיסטוריה העולמית, שבו הקומוניזם נבחר באופן דמוקרטי לשלטון והוא בשלטון מאז 1957. המדבר התעשייתי שנוצר על ידי הקומוניזם אילץ אותי לארוז את התיקים שלי לאחר קבלת התואר בהנדסת תעשייה וניהול תעשייתי (עם התמחות בניהול איכות כולל) ולחפש עבודה בבומביי (הבירה המסחרית של הודו, שכעת נקראת מומביי).

עד מהרה הבנתי שהאפשרויות שלי מעבר לרצפת המפעל מוגבלות בשל צבע עורי הכהה (כמי שלובש לונגי). מחשש לעתידי, ברחתי לדרום כדי לברוח מהסולם המקצועי הגזעני. סיימתי תואר שני במנהל עסקים במימון כמועמד לאינטגרציה לאומית. בהשגחה עליונה, בשנת 1990, הכלכלה ההודית כולה קרסה תחת משקלה של שיטת מתן הרשיונות ההודית בת חמישים השנים. כתוצאה מכך החלה כלכלה הודית ליברלית. התזמון היה ללא דופי, שכן הוא סיפק לי את ההזדמנות להתחיל את הקריירה שלי כאנליסט בנקאות להשקעות. המזל חייך אליי שוב כאשר קריסת שוק המניות בהודו ב- 1996 אפשרה לי לפרוש מקריירת בנקאות ההשקעות שלי.

הודו נקטה בדרך הסוציאליסטית במהלך העימות של שנות ה- 70 עם פקיסטן, שהכריזה על שלטון חירום. בשל המלחמה עם פקיסטן ומחלוקות נוספות, היחסים בין ארה"ב להודו התערערו, וחברת IBM נטשה את הודו. כל הכבוד לוואקום (שצריך היה למלא), TCS וקונגלומרטים אחרים של טכנולוגיית מידע הודי שנולדו מתוך ייאוש. הם קידדו אותנו בטכנולוגיית מידע כדי להניע את מורשת המחשבים והמחשבים המרכזיים שהותירה אחריה IBM. הודות לטעות הגדולה ביותר בהיסטוריה העסקית (Y2K), IBM ושאר הארגונים המערביים ראו בנו (*"המגניבים של הסייבר"*) כפתרון החסכוני לתיקון קוד ארמגדון ביום הדין.

במהלך תקופה זו, הצלחתי לעבור ממימון תאגידי לפתרונות ERP (תכנון משאבים ארגוניים) והצלחתי להשיג את הדרכון שלי לקפיטליזם, לארה"ב. אבל בשנת 2000, האחים באן (BaaN) (שבסיסם בהולנד) הסתבכו בשערורייה ההולנדית, ומערכת ה- ERP של BaaN, שביססתי עליה את הקריירה, הפכה לסוס מת.

מאז, ביליתי למעלה מעשור בהתנדבות בניהול פרוייקטים (PMI). היתה לי השפעה על תקני המפתח בתחום (כולל PMBOK, OPM3, PP&PM וכו'), הודות למאמרים, הפרסומים והספרים שלי בנושא PMI (במיוחד תקן ניהול תיקי פרוייקטים). אפילו כיהנתי כחבר בוועדה של גרטנר בתחום ה- PPM ומאוחר יותר הפכתי לאחד משלושת המנהלים שעסקו בניהול פרוייקטים ב- E&Y. בשנת 2008, בתוך הצונאמי הכלכלי, שימשתי כיועץ למשרד סמנכ"ל הכספים, ועסקתי בהקמת משרד לניהול תיקי פרויקטים לאחת החברות ב- Fortune 10. חסכתי להם כחצי מיליארד דולר, אבל הפכתי לקורבן של ההנדסה הפיננסית שלי לטווח קצר. הצלחתי לבנות את עצמי מחדש על החברה המפוארת של שנות ה- 90, היפריון (Hyperion Enterprise), ועברתי לעולם הנוצץ של חבילות מוצרים לסמנכ"לי כספים של הנדסה פיננסית בולטת יותר בעולם הייעוץ של ארבעת משרדי רואי החשבון המובילים בעולם (BIG4).

בשנת 2009 ארזתי את חפציי ונדדתי לג'ונגלים הקמבודיים בחיפוש אחר תשובות מתחתית הפירמידה באמצ־עות המכון הסיני GIFT (המכון העולמי של המחר)[77] – תוכנית מנהיגות ניהולית צעירה גלובלית של קלינטון (YLP). התפכחתי ככל שבחנתי יותר את עולם הפיננסים במערב. איבדתי אמון ברכבת ההרים של שווקי המניות. 90% משווקי המניות בימינו אינם מבוססים על ערך לטווח הארוך ובמקום זאת עסוקים ברדיפה אחר רכישות חוזרות של מניות, ציוצים, הקלות כמותיות (QE)[78], הדולרים החמים ואלגוריתמים של מסחר בתנודתיות גבוהה שמנוהלים על ידי בוטים. כל הכבוד להרננדו דה סוטו, גיליתי מחדש את מסתורי בשורת ההון. מאז אסון 9/11, זכיתי בכמה דולרים בהימורים נגד חוכמת השוק המערבי הקונבנציונלית על ידי הימורים בפטרו סין[79] וטוטאל.[80]

לאחר שחזרתי מן השממה של שדות ההרג הקמבודי[81], התנעתי מחדש את הקריירה שלי, והפכתי ליועץ בתחום ה- EPM (ניהול ביצועים ארגוניים) המייעץ לעסקים לצאת מהצונאמי הכלכלי של 2008 בעולם ה- BIG4. הרווחתי 95% מההון שלי בין 2008 ל-2011 על ידי הימורים נגד חוכמת השווקים המקובלת. כשההון בכל העו־לם התדלדל, מינפתי את ההשקעה שלי עד הקצה בחברת נדל"ן מהאייקוניות ביותר בעולם, שהיתה במחירי חיסול. יש לי כמות דם לא מבוטלת על ידיי בשל שימוש בהנדסה פיננסית פזיזה וחסרת מחשבה בתחום ה- EPM, תוך שימוש במונחים מפוארים (הידועים גם כקיצוץ עלויות) כדוגמת ניהול שרשרת אספקה יעילה מבחינה מיסויית (TESCM), טרנספורמציית עסקים / פיננסים / טכנולוגיית מידע, הנדסה מחדש של תהליכים עסקיים (BPR), שיפור תהליכים (Six Sigma) ואסטרטגיות תמחור ורווחיות.

כדי לנקות קצת מהאשמה שלי, היה לי הכבוד להתנדב לעמותה המקצועית הנרחבת ביותר במשך למעלה מעשור (PMI [המכון לניהול פרויקטים]), המשרתת כ- 3 מיליון אנשי מקצוע וכוללת מעל 500,000 חברים ב- 208 מדינות ברחבי העולם. תרמתי כחצי תריסר ספרים וכ- 50 פרסומים/מצגות. התחלתי להיות מעורב בכמה פרסי יזם השנה (EOY) בארנסט אנד יאנג.

למרבה הצער, אחרי מעל משני עשורים, זה נראה כאילו אני צריך לרכוב בחזרה בדרך גאולת הזעם של מקס הזועם ולטפס דרך הריסות האפוקליפסה של העידן הנוסטלגי הקפיטליסטי של רוזוולט.

www.EFMMavericks.com

בקשה צנועה לסקור את הספר שלי

★★★★★★★★★★★★★★★★★★★★★★★★★★★★★★★★★★★★★★

אני מקווה שנהנית לקרוא את הספר הזה. הייתי רוצה לבקש ממך בענווה אם תוכל להקדיש מספר דקות לכתיבת ביקורת באמזון. המשוב והתמיכה שלך משפרים באופן משמעותי את מלאכת הכתיבה שלי לספרים עתידיים והופכים את הספר הזה ליותר ראוי לשבח. זהו כתב יד חי ויתפתח ללא הרף על סמך חוכמתך הבונה (*פרטי קשר ישירים* @ www.Epm-Mavericks.com). תודה מראש!

ראשי תיבות

- קניין רוחני (IP)
- יוזמת החגורה והדרך (BRI)
- דרך המשי הדיגיטלית (DSR)
- האינטרנט של הדברים (IoT)
- הממלכה התיכונה (סין)
- חגורה אחת, דרך אחת (OBOR)
- הבנק להשקעות בתשתיות באסיה (AIIB)
- שווי כוח קנייה (PPP)
- תוצר מקומי גולמי (תמ"ג)
- חיי שחורים נחשבים (BLM)
- מהומות ג'ורג' פלויד (פלויד)
- ועדת פעולה פוליטית (PAC)
- ביצה (וושינגטון הבירה)
- מיזוגים ורכישות (מיזוגים ורכישות)
- פייסבוק, אמזון, אפל, נטפליקס וגוגל (FAANG)
- המכון העולמי למחר (מתנה - https://global-inst.com/learn)
- מדע, טכנולוגיה, הנדסה ומתמטיקה (STEM)
- ניהול שרשרת אספקה אפקטיבית מבחינה מיסויית (TESCM)
- אוטומציה רובוטית בענן (BOTs)
- מיקור חוץ של תהליכים עסקיים (BPO)
- המפלגה הקומוניסטית הסינית (CCP)
- פרנקלין רוזוולט (FDR)
- תיאודור רוזוולט (TR)
- הארגון לשיתוף פעולה ופיתוח כלכלי (OECD)
- בינה מלאכותית (AI)
- השותפות הטרנס-פסיפית (TPP)
- האגודה לתקשורת פיננסית בין-בנקאית ברחבי העולם (SWIFT)
- רכב למטרה מיוחדת (SPV)
- רשת שירות בלוקצ'יין (BSN)
- בנק פיתוח חדש (NDB)
- מערכת תשלומים בין-בנקאית חוצת גבולות (CIPS)

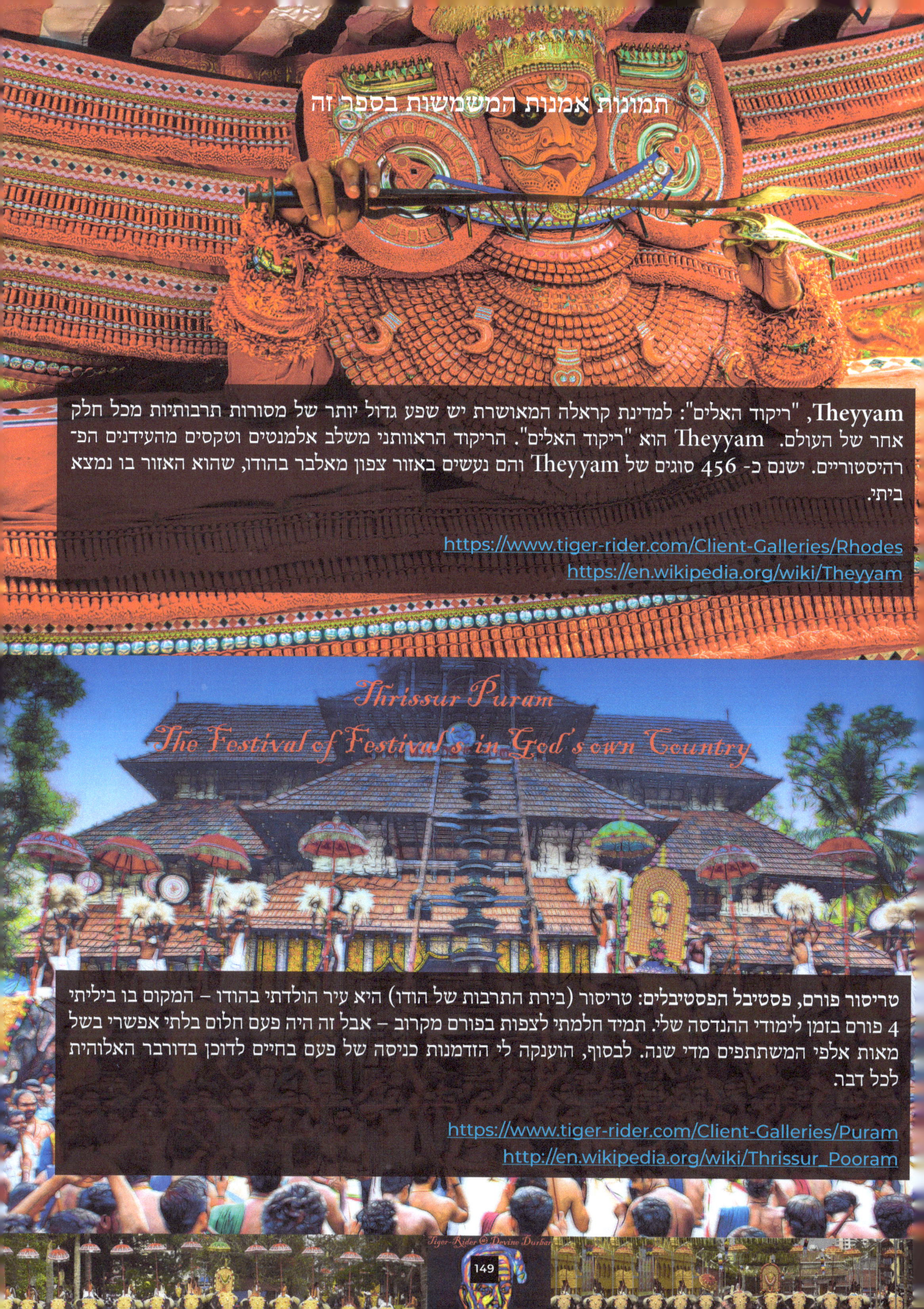

תמונות אמנות המשמשות בספר זה

Theyyam, "ריקוד האלים": למדינת קראלה המאושרת יש שפע גדול יותר של מסורות תרבותיות מכל חלק אחר של העולם. Theyyam הוא "ריקוד האלים". הריקוד הראוותני משלב אלמנטים וטקסים מהעידנים הפרהיסטוריים. ישנם כ- 456 סוגים של Theyyam והם נעשים באזור צפון מאלבר בהודו, שהוא האזור בו נמצא ביתי.

https://www.tiger-rider.com/Client-Galleries/Rhodes
https://en.wikipedia.org/wiki/Theyyam

טריסור פורם, פסטיבל הפסטיבלים: טריסור (בירת התרבות של הודו) היא עיר הולדתי בהודו – המקום בו ביליתי 4 פורם בזמן לימודי ההנדסה שלי. תמיד חלמתי לצפות בפורם מקרוב – אבל זה היה פעם חלום בלתי אפשרי בשל מאות אלפי המשתתפים מדי שנה. לבסוף, הוענקה לי הזדמנות כניסה של פעם בחיים לדוכן בדורבר האלוהית לכל דבר.

https://www.tiger-rider.com/Client-Galleries/Puram
http://en.wikipedia.org/wiki/Thrissur_Pooram

Kathakali, אומנות הסיפור: קטאקאלי היא צורה מרכזית של מחול הודי קלאסי. זהו ז'אנר באמנות של "משחק סיפור" אבל אחד המובדל על ידי איפור צבעוני להפליא, תלבושות, ומסכות פנים שהשחקנים-רקדנים הגברים המסורתיים לובשים. קטאקאלי היא אמנות הינדית באזור הדרום-מערבי של הודו (קראלה).

https://www.tiger-rider.com/Client-Galleries/KathakaliICCT
https://en.wikipedia.org/wiki/Kathakali

(מקור תמונת שער קדמית: דיוקן של פרנקלין ד. רוזוולט והנשיא דונלד ג'יי טראמפ מתייחס לדבריו במהלך אירוע הנצחה לאומי של הפלישה לנורמנדי ביום רביעי, 5 ביוני 2019, פורטסמות', אנגליה. (צילום רשמי של הבית הלבן על ידי שילה קרייגהד))

(מקור תמונת אחורית: הנשיא דונלד ג'יי טראמפ מחזיק עותק של הוושינגטון פוסט במהלך ארוחת הבוקר הלאומית לתפילה ביום חמישי, 6 בפברואר 2020, במלון וושינגטון הילטון בוושינגטון, (תמונה רשמית של הבית הלבן מאת ג'ויס נ. בוגוזיאן))

ENDNOTES

1 במדעי המדינה, המונח רפובליקת בננות מתאר מדינה לא יציבה מבחינה פוליטית בעלת כלכלה התלויה ביצוא של מוצר בעל משאבים מוגבלים, כגון בננות או מינרלים.
https://www.theatlantic.com/politics/archive/2013/01/is-the-us-on-the-verge-of-becoming-a-banana-republic/267048/

2 צ׳יראק הוא כינוי לשיקגו, אילינוי. הוא משלב את המילים שיקגו ועיראק, ומשתמשים בו כדי להתייחס לאזורים אלימים מסוימים בשיקגו, ומדמים אותם לאזור מלחמה.
https://www.dictionary.com/e/slang/chiraq/#:~:text=Chiraq%20is%20a%20nickname%20for,likening%20them%20to%20a%20warzone

3 חיפוי לוחות הוא תהליך של התקנת לוחות על החלונות והדלתות של מבנה כדי להגן עליו מפני נזקי סערה, כדי להגן על רכוש שאינו בשימוש, ריק או נטוש, ו/או כדי למנוע גישה בלתי מורשית של פולשים, בוזזים או ונדליסטים.
https://www.wbez.org/stories/protest-art-has-covered-boarded-up-businesses-will-it-be-preserved/e3db8017-a6ba-4dde-9bc3-3d17f6ee5392

4 במהלך 5,000 השנים האחרונות, סין היתה ידועה בשמות רבים ושונים, אך השם המסורתי ביותר שסין השתמשה בו כדי להתייחס לעצמה הוא Zhonggou שפירושו הממלכה התיכונה (שלפעמים מתורגם גם כממלכה המרכזית).
http://www.learnmartialartsinchina.com/kung-fu-school-blog/why-is-china-called-the-middle-kingdom/#:~:text=Throughout%20the%20last%205000%20years,sometimes%20translated%20as%20Central%20Kingdom

5 https://www.britannica.com/place/Third-Reich

6 החברה ההולנדית הודו המזרחית, המכונה הודו המזרחית המאוחדת, Dutch Vereenigde Oost-Indische Compagnie, היא חברת מסחר שנוסדה ברפובליקה ההולנדית (הולנד של ימינו) בשנת 1602 כדי להגן על הסחר של המדינה באוקיינוס ההודי ולסייע במלחמת העצמאות ההולנדית מספרד.
https://www.pbs.org/wgbh/roadshow/stories/articles/2013/1/7/dutch-east-india-company-worlds-first-multinational/

7 חברת הודו המזרחית הייתה חברה אנגלית שהוקמה לניצול הסחר עם מזרח ודרום מזרח אסיה והודו. היא נוסדה על ידי האמנה המלכותית ב- 31 בדצמבר 1600, והוקמה כגוף מסחר מונופוליסטי כדי שאנגליה תוכל להשתתף בסחר התבלינים במזרח הודו.
https://www.bbc.co.uk/programmes/n3csxl34

8 הניו דיל (New Deal) הייתה שורה של תוכניות, פרויקטים של עבודה ציבורית, רפורמות פיננסיות ותקנות שיזם הנשיא פרנקלין דלאנו רוזוולט בארצות הברית בין השנים 1933 ל- 1939. היא נועדה לענות לצרכים של הקלות, רפורמה והתאוששות מהשפל הגדול.
https://www.fdrlibrary.org/great-depression-new-deal

9 https://www.npr.org/sections/codeswitch/2013/08/26/215761377/a-history-of-snake-oil-salesmen

10 המשבר הפיננסי העולמי של 2008 נמצא בין הדוגמאות האחרונות הנפוצות ביותר לצונאמי כלכלי. שוק משכנתאות הסאב פריים בארה"ב פעל כטריגר במקרה זה, כאשר בנקי השקעות גדולים (IBs) טעו בחישוב הסיכון הכרוך במכשירי חוב מסוימים.
https://www.investopedia.com/terms/e/economictsunami.asp#:~:text=The%202008%20global%20financial%20crisis,in%20certain%20collateralized%20debt%20instruments.

11 מלכודת חובות דיפלומטית מתארת דיפלומטיה המבוססת על חוב המתבצע ביחסים הדו-צדדיים בין מדינות עם כוונה שלילית לכאורה. למרות שהמונח מתייחס לפרקטיקת ההלוואות של מדינות רבות וקרן המטבע הבינלאומית, הוא נקשר כיום לרוב לרפובליקה העממית של סין.
https://foreignpolicy.com/2020/03/23/china-coronavirus-belt-and-road-bri-boost-debt-diplomacy/

12 יוזמת החגורה והדרך (באנגלית: Belt and Road Initiative) היא אסטרטגיית פיתוח תשתיות גלובלית שאומצה על ידי ממשלת סין בשנת 2013 כדי להשקיע במדינות שונות ובארגונים בינלאומיים.
https://www.oecd.org/finance/Chinas-Belt-and-Road-Initiative-in-the-global-trade-investment-and-finance-landscape.pdf

13 תוכנית מרשל (תכנית השיקום של אירופה) הייתה יוזמה אמריקאית שנחקקה בשנת 1948 לסיוע חוץ למערב אירופה.
https://history.state.gov/milestones/1945-1952/marshall-plan

14 "דרך המשי הדיגיטלית" (DSR) הוצגה בשנת 2015 בדוח רשמי של ממשלת סין, כמרכיב ביוזמת החגורה והדרך של בייג'ינג (BRI). במשך שנים נכנס תחת מטריה זו כמעט כל מה שקשור לטלקומוניקציה או פעילות עסקית/מכירת מוצרים הקשורה בנתונים על ידי חברות טכנולוגיה סיניות הממוקמות באפריקה, אסיה, אירופה, אמריקה הלטינית, או הקריביים – המהוות את ביתן של מעל 100 מדינות "BRI".
https://carnegieendowment.org/2020/05/08/will-china-control-global-internet-via-its-digital-silk-road-pub-81857

15 תוכנית אלף הכישרונות (TTP) (סינית: 千人计划; פיניין: צ'אן rén ג'יהואה) נוסדה בשנת 2008 על ידי הממשלה המרכזית של סין כדי להכיר ולגייס מומחים בינלאומיים מובילים במחקר מדעי, חדשנות ויזמות.
https://www.hsgac.senate.gov/imo/media/doc/2019-11-18%20PSI%20Staff%20Report%20-%20China's%20Talent%20Recruitment%20Plans.pdf

16 גולה (לעתים קרובות מקוצר לגולה) הוא אדם המתגורר במדינה שאינה ארץ מולדתו.
https://www.merriam-webster.com/dictionary/expatriate

17 https://itif.org/publications/2020/06/22/new-report-shows-unfair-chinese-government-support-huawei-and-zte-has-harmed

18 בתרבות הרוסית, kompromat - כינוי מקוצר ל"חומר מתפשר", הוא מידע מזיק על פוליטיקאי, איש עסקים, או אנשי ציבור אחרים, המשמשים ליצירת פרסום שלילי, כמו גם לסחיטה.
https://www.newyorker.com/news/swamp-chronicles/a-theory-of-trump-kompromat

19 לאחר שהשיגו דריסת רגל באסיה, אירופה ואפריקה, חברות בינה מלאכותית סיניות דוחפות כעת לעבר אמריקה הלטינית, אזור שממשלת סין מתארת כ"אינטרס כלכלי מרכזי". ונצואלה הציגה לאחרונה מערכת תעודות זהות לאומית חדשה, המתעדת את השתייכותם הפוליטית של האזרחים במסד נתונים שנבנה על ידי ZTE. באירוניה קודרת, במשך שנים חברות סיניות הנציחו רבים ממוצרי המעקב הללו בתערוכת אבטחה בשינג'יאנג, מחוז הבית של האויגורים (עם טורקי ממרכז אסיה).
https://www.theatlantic.com/magazine/archive/2020/09/china-ai-surveillance/614197/

20 https://www.theatlantic.com/magazine/archive/2020/09/china-ai-surveillance/614197

21 https://www.brookings.edu/opinions/the-aiib-and-the-one-belt-one-road

22 https://en.wikipedia.org/wiki/List_of_countries_by_GDP_(PPP)

23 https://www.heritage.org/defense/commentary/chinas-defense-spending-larger-it-looks

24 https://youtu.be/2J9y6s_ukBQ

25 https://www.nytimes.com/2018/01/18/us/politics/trump-border-wall-immigration.html

26 https://fee.org/articles/the-medical-cartel-is-keeping-health-care-costs-high/#:~:text=Though%20few%20Americans%20realize%20it%2C%20health%20care%20is%20a%20monopoly.,-Cartels%20Protecting%20Doctors&text=Cartels%20Protecting%20Doctors-,Both%20directly%20or%20indirectly%2C%20the%20AMA%20,also%20controls%20the%20prices payment%20policies%20of%20insurance%20companies

27 https://www.oecd-ilibrary.org/education/education-at-a-glance-2018_eag-2018-en

28 https://educationdata.org/international-student-enrollment-statistics

29 https://www.oecd.org/pisa/pisa-2015-results-in-focus.pdf

30 https://www.sentencingproject.org/wp-content/uploads/2015/11/Americans-with-Criminal-Records-Poverty-and-Opportunity-Profile.pdf

31 https://www.brennancenter.org/our-work/research-reports/citizens-united-explained

32 https://www.marketwatch.com/story/airlines-and-boeing-want-a-bailout-but-look-how-much-theyve-spent-on-stock-buybacks-2020-03-18

33 https://www.marketwatch.com/story/airlines-and-boeing-want-a-bailout-but-look-how-much-theyve-spent-on-stock-buybacks-2020-03-18

34 https://www.imf.org/external/pubs/ft/fandd/2019/09/tackling-global-tax-havens-shaxon.htm

35 הגרסה ההודית של פאודליזם. זמינדר, בתת היבשת ההודית, היה שליט אוטונומי או חצי-אוטונומי של מדינה שקיבלה את מרותו של קיסר הינדוסטאן. פירושו של המונח הוא בעל קרקע בפרסית. בדרך כלל, באופן תורשתי, זמינדרים החזיקו בשטחי אדמה עצומים ושלטו על האיכרים שלהם, ושמרו לעצמם את הזכות לגבות מהם מס מטעם בתי משפט קיסריים או למטרות צבאיות.
https://www.britannica.com/topic/zamindar

36 גורדון גקו הוא דמות בדיונית המופיעה כנבל בסרט הפופולרי של אוליבר סטון "וול סטריט" מ-1987.
https://review.chicagobooth.edu/behavioral-science/2017/article/moral-ambivalence-gordon-gekko

37 מותחן מדע בדיוני אפל שרלוונטי לחברה של ימינו ולקיומו של אי-שוויון חברתי וכלכלי.
https://www.sonypictures.com/movies/elysium

38 ציטוט מתוך תעלומת ההון: מדוע הקפיטליזם מנצח במערב ונכשל בכל מקום על ידי הרננדו דה סוטו (מחבר)
https://www.amazon.com/dp/B06XCFW5ZN

39 https://www.sba.gov/sites/default/files/FAQ_Sept_2012.pdf

40 מותחן מדע בדיוני אפל שרלוונטי לחברה של ימינו ולאי-שוויון חברתי וכלכלי קיים.
https://en.wikipedia.org/wiki/Elysium_(film)

41 https://www.cnn.com/2020/01/07/tech/boz-trump-facebook/index.html

42 https://www.swift.com/sites/default/files/documents/swift_bi_currency_evolution_infopaper_57128.pdf

43 https://www.thebalance.com/black-wednesday-george-soros-bet-against-britain-1978944

44 https://en.wikipedia.org/wiki/1997_Asian_financial_crisis#:~:text=Malaysian%20Prime%20Minister%20Mahathir%20Mohamad,sold%20it%20short%20in%201997

45 https://www.rottentomatoes.com/tv/the_man_in_the_high_castle/s01

46 https://www.rottentomatoes.com/m/american_factory

47 https://en.wikipedia.org/wiki/Snake_oil

48 https://www.imf.org/en/Publications/GFSR/Issues/2019/10/01/global-financial-stability-report-october-2019

49 שמו של הספר נלקח מהסרט הקומי משנת 1980 "האלים חייבים להיות משוגעים", בו בקבוק קוקה קולה ריק נופל ממטוס לקהילה של בושמנים אפריקאים. בתוך הבקבוק יש מתנה מהאלים, אך לאחר שהוא גורם למריבה בקרב תושבי הכפר, מנהיג השבט מחליט להחזירו לאלים במסע אל סוף העולם. דרך בקבוק הקולה המטאפורי שלי, אני יכול לראות את שחר האימפריה החדשה. ספר זה הוא התובנות שלי והשקפותיי לגבי שיקום האימפריה הנוכחית (קפיטליזם וארגונים) לפני שיהיה מאוחר מדי.
https://www.rottentomatoes.com/m/the_gods_must_be_crazy

50 https://global-inst.com

51 https://www.history.com/topics/cold-war/the-khmer-rouge

52 https://en.wikipedia.org/wiki/Snake_wine

53 https://www.cato.org/cato-journal/winter-2018/against-helicopter-money

54 https://www.investopedia.com/terms/g/gordon-gekko.asp

55 https://www.investopedia.com/terms/q/quantitative-easing.asp

56 https://youtu.be/8iXdsvgpwc8

57 "טלאק משולש", כידוע, מאפשר לבעל להתגרש מאשתו על ידי חזרה על המילה "טלאק" (גירושין) שלוש פעמים בכל צורה שהיא, כולל דוא"ל
https://en.wikipedia.org/wiki/Divorce_in_Islam

58 https://en.wikipedia.org/wiki/List_of_countries_by_GDP_(PPP)

59 https://www.whitehouse.gov/presidential-actions/memorandum-order-defense-production-act-regarding-3m-company

https://www.theatlantic.com/education/archive/2018/09/why-is-college-so-expensive-in-america/569884 60

https://www.theregister.com/2021/08/20/china_5g_progress 61

https://www.mckinsey.com/business-functions/organization/our-insights/getting-practical-about-the-future-of-work 62

https://www.swift.com/sites/default/files/documents/swift_bi_currency_evolution_infopaper_57128.pdf 63

https://data.worldbank.org/indicator/CM.MKT.LDOM.NO?end=2018&locations=US&start=1996 64

https://watson.brown.edu/costsofwar/papers/2021/ProfitsOfWar 65

66 קרן העושר הריבונית הסעודית קונה מניות בפייסבוק, בואינג, סיסקו מערכות - WSJ

https://www.whitehouse.gov/briefing-room/presidential-actions/2021/09/03/executive-order-on-declassification-review-of-certain-documents-concerning-the-terrorist-attacks-of-september-11-2001 67

https://en.wikipedia.org/wiki/Charlie_Wilson%27s_War_(film), https://www.pbs.org/wgbh/frontline/film/bitter-rivals-iran-and-saudi-arabia/, https://en.wikipedia.org/wiki/Syriana, https://www.pbs.org/frontlineworld/stories/r4.html, https://www.pbs.org/independentlens/films/shadow-world 68

https://www.wsj.com/articles/saudi-sovereign-wealth-fund-buys-stakes-in-facebook-boeing-cisco-systems-11589633300 69

https://en.wikipedia.org/wiki/Lobbying_in_the_United_States 70
https://www.american.edu/spa/ccps/upload/thurber-testimony.pdf

https://www.brennancenter.org/our-work/analysis-opinion/how-campaign-spending-judicial-elections-subverts-justice 71

https://en.wikipedia.org/wiki/Snake_oil 72

https://www.britannica.com/place/Third-Reich 73

https://www.rottentomatoes.com/tv/the_man_in_the_high_castle/s01 74

https://www.rottentomatoes.com/m/american_factory 75

https://youtu.be/8iXdsvgpwc8 76

https://global-inst.com 77

https://www.investopedia.com/terms/q/quantitative-easing.asp 78

http://www.petrochina.com.cn/ptr/index.shtml 79

https://www.total.com 80

https://www.history.com/topics/cold-war/the-khmer-rouge 81

תודות

אני רוצה להביע את תודתי לכל מי שנתן לי ביקורת בונה ועזר לי להתרומם לאחר שלושה עשורים של מציאות מעוותת. תודה מיוחדת לכל אלה שנתנו לי פרספקטיבות שונות, ביניהם פוקס ניוז, PBS, Real Vision, FT, HBR, בלומברג,ריי דליו,הרננדו דה סוטו, ח'מאת פליהפטיה, צ'ארלי רוז, GIFT (www.global-inst.com) ...

זהו כתב יד שיוסיף ויתפתח ללא הרף על סמך המשוב הבונה שלכם
(contact @ www.epm-mavericks.com)

ההכנסות מספר זה ייתרמו למיסיון אמא תרזה
(מיסיונרים של צדקה) או מיסיונים דומים לו.